T0209483

essentials liefern aktuelles Wissen in konzentrierter Form. Die Essenz dessen, worauf es als „State-of-the-Art" in der gegenwärtigen Fachdiskussion oder in der Praxis ankommt. *essentials* informieren schnell, unkompliziert und verständlich

- als Einführung in ein aktuelles Thema aus Ihrem Fachgebiet
- als Einstieg in ein für Sie noch unbekanntes Themenfeld
- als Einblick, um zum Thema mitreden zu können

Die Bücher in elektronischer und gedruckter Form bringen das Fachwissen von Springerautor*innen kompakt zur Darstellung. Sie sind besonders für die Nutzung als eBook auf Tablet-PCs, eBook-Readern und Smartphones geeignet. *essentials* sind Wissensbausteine aus den Wirtschafts-, Sozial- und Geisteswissenschaften, aus Technik und Naturwissenschaften sowie aus Medizin, Psychologie und Gesundheitsberufen. Von renommierten Autor*innen aller Springer-Verlagsmarken.

Weitere Bände in der Reihe https://link.springer.com/bookseries/13088

Paul Ammann

Marktsegmentierung für Industriegütermärkte

Marktsegmente bilden, auswählen
und bearbeiten in
Business-to-Business-Märkten

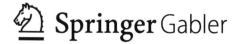 Springer Gabler

Paul Ammann
Bern, Schweiz

ISSN 2197-6708   ISSN 2197-6716   (electronic)
essentials
ISBN 978-3-658-35632-3   ISBN 978-3-658-35633-0   (eBook)
https://doi.org/10.1007/978-3-658-35633-0

Die Deutsche Nationalbibliothek verzeichnet diese Publikation in der Deutschen Nationalbiblio-
grafie; detaillierte bibliografische Daten sind im Internet über http://dnb.d-nb.de abrufbar.

Planung/Lektorat: Manuela Eckstein
Springer Gabler ist ein Imprint der eingetragenen Gesellschaft Springer Fachmedien Wiesbaden
GmbH und ist ein Teil von Springer Nature.
Die Anschrift der Gesellschaft ist: Abraham-Lincoln-Str. 46, 65189 Wiesbaden, Germany

Was Sie in diesem *essential* finden können

- Überblick über die wesentlichen Elemente des Kaufverhaltens industrieller Kundenunternehmen
- Grundlagen und Vorgehen für die Segmentierung industrieller Kundenunternehmen
- Grundlagen und Vorgehen für die Auswahl attraktiver Marktsegmente zur Bearbeitung
- Grundlagen und Vorgehen für die Ausgestaltung des segmentspezifischen Marketings, Vertriebsmanagements und der Organisation
- Tools und Checklisten zur Umsetzung spezifischer Aktivitäten im Segmentierungsprozess

Vorwort

Dieses Buch behandelt die Marktsegmentierung von Industriegütermärkten. Von meiner Arbeit als Leiter des Global Business Development einer ABB Business Unit weiß ich, wie wichtig dieses Thema ist und dass aktuelle Bücher oft vor allem die Segmentierung von Konsumgütermärkten behandeln. Die Marktsegmentierung ist einer der wichtigsten Schritte im Strategieprozess, da sie viele weitere Fragen bestimmt. Sie ist die eigentliche „Queen of Strategy". „Es besteht jedoch oft eine Spannung zwischen dem theoretisch Wünschenswerten und dem betriebswirtschaftlich Möglichen" – wie schon Bonoma und Shapiro (1984, S. 285) in ihrem wegweisenden Artikel zur Marktsegmentierung von Industriegütermärkten festgestellt haben. Im Folgenden wird deshalb ein pragmatischer Marktsegmentierungsansatz vorgestellt, der in drei Phasen unterteilt ist: Marktsegmente bilden, Marktsegmente auswählen, Marktsegmente bearbeiten. Dies erleichtert den Transfer in die Praxis und in die tägliche Arbeit der Leser*innen. Dieses Buch stellt überdies Tools und Checklisten zur Verfügung, um die Implementierung der Marktsegmentierung zu unterstützen. Die Essenz des Buches wird in den „Goldenen Regeln" zusammengefasst, die bei der Marktsegmentierung zu beachten sind.

Mein besonderer Dank gilt Dr. Eugen Rodel, wissenschaftlicher Mitarbeiter der Berner Fachhochschule, für die große Hilfe bei inhaltlichen, organisatorischen

und formalen Fragen. Ich bedanke mich ebenfalls bei Stephan Schärer, Arbeits-
kollege bei ABB Business Consulting, für seine Erlaubnis, Teile eines gemeinsam
erstellten Buchkapitels[1] als Grundlage für dieses Buch einzusetzen.

Prof. Dr. Paul Ammann
Berner Fachhochschule, Bern, Schweiz

---

[1] Ammann P., Schärer S. „Marktsegmentierung für Industriegüter" in: Pepels, W. (Hrsg.),
„Marktsegmentierung: Methoden zur erfolgreichen Marktsegmentbearbeitung", Düsseldorf,
2013.

Inhaltsverzeichnis

Über den Autor

Prof. Dr. Paul Ammann
Berner Fachhochschule Leiter Forschungsbereich
International Management Wankdorffeldstrasse 102
3000 Bern
Schweiz
paul.ammann@bfh.ch
https://www.bfh.ch/de/forschung/forschungsberei
che/international-management/

Einleitung 1

Heute herrschen in vielen Bereichen gesättigte Märkte. Ein identischer Marketing-Mix für alle Kundengruppen ist meistens nicht Erfolg versprechend, da damit nur die durchschnittlichen Bedürfnisse aller Kundenunternehmen abgedeckt werden können. Die Anbieterunternehmen müssen sich auf Teilsegmente aller möglichen Kundenunternehmen und damit auf die spezifischen Bedürfnisse dieser Segmente konzentrieren, um diese besser kennen und befriedigen zu können als die Konkurrenz (Mora Cortez et al. 2021). Angestrebt werden dadurch höhere Umsätze und Margen in den bedienten Segmenten. Ein weiteres Ziel der Marktsegmentierung ist es, eine bessere Kundenbindung zu erreichen. Zusätzliche Vorteile sind die Möglichkeit der gezielten Kommunikation in die ausgewählten Segmente, sowie die Möglichkeit, den internen Fokus, durch die Kommunikation der Ausgestaltung der Segmente und deren Bedürfnisse an die Mitarbeiter*innen, zu verbessern.

Der Prozess für die Marktsegmentierung und der Verlauf dieses Buches folgt dem in Abb. 1.1 dargestellten Vorgehen. In einem ersten Schritt werden die Kundenunternehmen in Gruppen mit möglichst ähnlichen Bedürfnissen eingeteilt.

Im zweiten Schritt der Marktsegmentierung werden aus den möglichen Segmenten die für die weitere Bearbeitung attraktiven Segmente ausgewählt. Dies geschieht durch die Bewertung der Marktattraktivität eines Segments und durch die Identifizierung der Wettbewerbsvorteile eines Unternehmens in einem Segment.

Im dritten Schritt der Marktsegmentierung werden auf die Segmente ausgerichtete Marketingprogramme geplant und ausgeführt. Entsprechende organisatorische Änderungen werden eingeführt, da „[a] failure to adapt organizational structures to support segmentation strategies is reported to cause implementation problems" (Mora Cortez et al. 2021, S. 423).

© Der/die Autor(en), exklusiv lizenziert durch Springer Fachmedien
Wiesbaden GmbH, ein Teil von Springer Nature 2021
P. Ammann, *Marktsegmentierung für Industriegütermärkte,* essentials,
https://doi.org/10.1007/978-3-658-35633-0_1

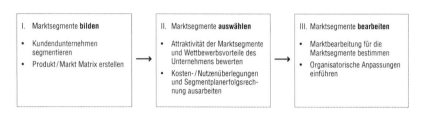

Abb. 1.1 Drei Schritte zur Segmentierung von Industriegütermärkten

Es ist von Vorteil, wenn alle aufgeführten Analysen und Tätigkeiten von einem Team aus den unterschiedlichen Verantwortungsbereichen des Unternehmens durchgeführt werden. Arbeiten Leute aus Marketing und Verkauf, Technik, Fertigung, F&E, Einkauf, Finanzen und Service zusammen, ist die Erfolgsaussicht für die Implementierung einer neuen Marktsegmentierung am größten. Die Marktsegmentierung sollte nicht als Analyseprojekt einem/r beliebigen Assistenten*in übertragen werden, ist doch gerade die Zuteilung der geeigneten Ressourcen eines der Erfolgskriterien. Oftmals scheitern Segmentierungsprojekte daran, dass überforderte Nachwuchskräfte ohne ausreichende Kenntnis oder Erfahrung mit einem solchen Projekt betraut werden (Dibb 2003). Seine Ergebnisse werden nur schwerlich durch die entscheidenden Personen im Unternehmen akzeptiert.

Die Marktsegmentierung spielt eine wichtige Rolle in jeder Marktstrategie. Sie stellt Unternehmen jedoch vor mehrere Herausforderungen, die in drei Bereiche zusammengefasst werden können (Dibb und Simkin 2009). Die erste Gruppe dieser Herausforderungen, sogenannte „Infrastrukturbarrieren" verhindern den Start des Segmentierungsprozesses. „Prozessprobleme" treten während des Segmentierungsprozesses auf. Schlussendlich stellen die „Implementationsbarrieren" Herausforderungen dar, welche die Umsetzung der Segmentierung verhindern. Die verschiedenen Herausforderungen in diesen drei Bereichen lassen sich mit einem systematischen Segmentierungsprozess und gezielten Maßnahmen (siehe Abb. 1.2) umgehen. Auf die entsprechenden Aktivitäten wird in den folgenden Kapiteln eingegangen.

Es gilt folgende Regel:

Regel 1
Die Marktsegmentierung erfolgt in drei Schritten: Segmente identifizieren und bilden, Segmente auswählen und Segmente bearbeiten.

Aktivitäten im Ablauf der Marktsegmentierung	Bereich	Herausforderungen	Kapitel
Vorstellung der Gründe für eine Marktsegmentierung und die drei Schritte zur Segmentierung von Industriegütermärkten.	Prozess	Verständnis für den Prozess	1
Vorbereitung der Marktsegmentierung, d.h. Behandlung von Themen wie Personelle Ressourcen, Kommunikation, Datenbeschaffung, Strategischer Fit und Buy-in des Managements.	Infrastruktur Prozess	Daten & Ressourcen Interne Kommunikation Fit mit Strategie	3.1
Segmentierung der Kundenunternehmen nach dem Ansatz der Makro- und Mikrosegmentierung.	Prozess	Verständnis für den Prozess Interne Ressourcen	3.2
Makrosegmentierung, d.h. die Identifizierung von Kundensegmente aufgrund direkt beobachtbarer Kriterien.	Prozess	Verständnis für den Prozess	3.3
Mikrosegmentierung, d.h. die Identifizierung von Kundensegmente aufgrund von aus dem Verhalten abgeleiteten Merkmalen.	Prozess	Verständnis für den Prozess	3.4
Ausgestaltung von auf die Kundenbedürfnisse und das Kundensegments abgestimmten Industriegüter und Dienstleistungen.	Infrastruktur Implementation	Kundenfokus Kommunikation Fit Marketing & Segmente Organisation	3.5
Bewertung der Attraktivität eines neuen Marktsegmentes und der dafür notwendigen Stärken und Wettbewerbsvorteile des Unternehmens.	Infrastruktur Implementation	Kundenfokus Kommunikation Fit Marketing & Segmente	4.1
Abklärung von Kosten und Nutzen für den Entscheid ob ein Marktsegment differenziert bearbeitet werden soll.	Infrastruktur Prozess	Daten & Ressourcen Interne Ressourcen	4.2
Differenzierung in den gewählten Marktsegmenten bestimmen und den Marketing-Mix und das Vertriebsmanagement darauf abstimmen.	Infrastruktur Implementierung	Kundenfokus Fit Marketing & Segmente Organisation	5.1 5.2 5.3
Neuorganisation des Unternehmens (Struktur, Kultur, Ressourcen) damit die Aktivitäten und Bedürfnissen der Kundenunternehmen in jedem Segment bedient werden können.	Implementierung	Rollenverteilung Organisation	5.4
Beteiligung und Unterstützung des Segmentierungsprozesses durch das Management und begegnen von Widerständen durch den Einbezug der betroffenen Personen.	Infrastruktur Implementierung	Interne Kommunikation Kommunikation Rollenverteilung	5.5
Regelmäßige Prüfung des Status der Marktsegmentierung in Bezug auf Relevanz und Effektivität.	Implementierung	Controlling Implementierung	5.6

Abb. 1.2 Umgang mit Herausforderungen bei der Marktsegmentierung

Das Kaufverhalten industrieller Kundenunternehmen

2

Als Grundlage für die Segmentierung von Industriegütermärkten ist es wichtig zu verstehen, wie und durch wen der Entscheid für oder gegen das Angebot eines Herstellerunternehmens gefällt wird. Industriegüter sind Produkte, die nicht für den Konsum von Privatpersonen hergestellt werden. Sie werden von Unternehmen eingesetzt, um damit eigene Produkte herzustellen. Für den Marketingprozess aller Industriegüter gelten, wenn auch in unterschiedlicher Ausprägung, die im Folgenden aufgelisteten wichtigen Gegebenheiten:

- Abgeleitete Nachfrage: Zum Kauf von Industriegütern kommt es nur, wenn die Endkunden*innen Produkte der Kundenunternehmen eines Industriegüterherstellerunternehmens nachfragen.
- Die Kundenunternehmen der Hersteller von Industriegütern sind Organisationen (Unternehmen oder staatliche Körperschaften).
- Innerhalb einer Kundenorganisation sind meist mehrere Personen und Entscheidungsgremien an einem Kaufentscheid beteiligt.
- Der Prozess bis zu einem Kaufentscheid wird üblicherweise in definierten Phasen abgehandelt und kann sehr lange dauern.

Die Geschäftstypen im Industriegütermarketing können entsprechend der Faktoren Einzeltransaktion/Kaufverbund und Ansprache von Kundenunternehmen/Ansprache des anonymen Marktes eingeteilt werden (siehe Abb. 2.1). Weitergehende Marktsegmentierungsüberlegungen sind vor allem dann sinnvoll, wenn ein Unternehmen seine Angebote an den anonymen Markt richtet. Wichtig ist es, dass bei den Überlegungen zur Segmentierung vom Geschäftstyp ausgegangen wird und nicht vom Produkt selbst. So kann z. B. ein Personal Computer

P. Ammann, *Marktsegmentierung für Industriegütermärkte,* essentials, https://doi.org/10.1007/978-3-658-35633-0_2

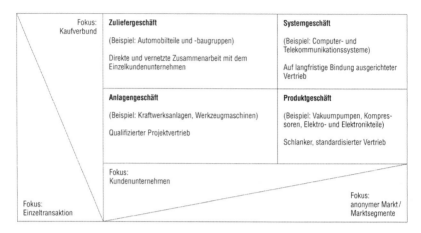

Abb. 2.1 Geschäftstypen im Industriegütermarketing (In Anlehnung an Backhaus und Voeth 2014, S. 217)

an verschiedene Geschäftstypen vermarktet werden. „Wird er als Einzelplatzrechner ohne Verbindung zu anderen Rechnern verwendet, erfolgt die Transaktion im Rahmen eines Produktgeschäftes. Soll er mit anderen PCs in einem „local area network" vernetzt werden, wird er ... im Systemgeschäft verkauft" (Backhaus und Voeth 2014, S. 217). Im Bereich Zuliefergeschäft erfolgt der Vertrieb oft über eine direkte und vernetzte Zusammenarbeit mit einem großen Kundenunternehmen. In diesem Fall machen Marktsegmentierungsüberlegungen meist wenig Sinn. Es gilt jedoch zu bedenken, dass das eigentliche Zuliefergeschäft bei den meisten Unternehmen nur einen Teilbereich ausmacht und für weitere Geschäfte die Marktsegmentierungsansätze eingesetzt werden müssen.

Der Hersteller muss das Gesamtsystem seiner Kundenunternehmen verstehen. Dies bietet oftmals die Grundlage für einen effektiven und erfolgreichen Segmentierungsansatz. Dabei ist es wichtig zu verstehen, dass sich der Lieferant von Industriegütern einer abgeleiteten Nachfrage gegenübersieht, d. h. nur wenn seine Kundenunternehmen eine Produktenachfrage haben, bestellen diese bei ihm. So liefert z. B. die Werkzeugmaschinenfabrik Studer AG in Steffisburg Schleifmaschinen an Bosch (siehe Abb. 2.2). Bosch fertigt mit diesen Maschinen hochpräzise Einzelteile, wie z. B. Teile der Servolenkung für Automobilhersteller wie Mercedes. Nur wenn der Automobilhersteller mehr oder eine neue Art Einzelteile bei Bosch bestellt, kann Studer mit einem Auftrag für neue Maschinen

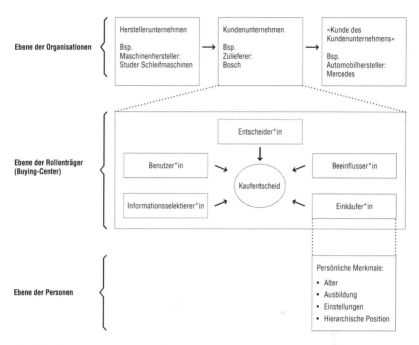

Abb. 2.2   An einem industriellen Kaufentscheid beteiligte Organisationen und Personen (In Anlehnung an Backhaus und Voeth 2014, S. 52)

rechnen. Der Bedarf der Endkunden*innen und weiterverarbeitenden Unternehmen spielt eine große Rolle für den Absatzerfolg eines Industriegüterherstellers. Dieses System bildet die Grundlage für die Analyse der Kaufentscheide beim Kundenunternehmen.

Ein Hauptunterschied im Marketing für Industriegüter gegenüber dem Marketing für Konsumgüter besteht darin, dass das Anbieterunternehmen nicht an Einzelpersonen, sondern an Organisationen liefert. Innerhalb dieser Organisationen entscheidet wiederum selten eine Einzelperson, ob eine Marktleistung angeschafft wird. Der Entscheid fällt in einem Prozess, an dem verschiedene Personen des Kundenunternehmens beteiligt sind. Diese Personen haben das gemeinsame Ziel, eine Aufgabe schneller, günstiger und/oder qualitativ besser zu erfüllen. Die Gruppe von Personen, die innerhalb einer Organisation auf den Kaufentscheid einen Einfluss ausüben können, werden als „Buying-Center" bezeichnet (Backhaus und Voeth 2014, S. 39). In Kaufprozessen können diesen Personen

Rollenträger im Buying-Center	Hauptfragen
Entscheider*in (decider)	Verbessert sich das Geschäftsergebnis aufgrund der geplanten Investition?
Informationsselektierer*in (gatekeeper)	Werden alle möglichen Anbieter berücksichtigt? Wird der Kaufprozess phasengerecht durchgeführt?
Benutzer*in (user)	Erleichtert die neue Anschaffung meine Arbeit?
Beeinflusser*in (influencer)	Werden die technischen und weitere Anforderungen des Unternehmens durch den Anbieter erfüllt?
Einkäufer*in (buyer)	Werden Preisvorstellungen erfüllt und Lieferfristen eingehalten?

Abb. 2.3 Typische Hauptfragen der verschiedenen Rollenträger eines Buying-Centers im Zusammenhang mit einem geplanten Kaufentscheid

Rollen zugeordnet werden. Wenn z. B. ein Autozulieferer eine neue Maschine einkaufen will, so kann der/die Leiter*in Fertigung die Rolle des/der „Entscheiders*in" übernehmen, d. h. er/sie wird den endgültigen Entscheid über den Einkauf fällen. „Benutzer*innen" sind die Maschinenbetreuer*innen, die mit den Maschinen arbeiten werden. „Beeinflusser*innen" sind z. B. Mitarbeiter*innen der technischen Abteilung, die über die Definition von technischen Mindestanforderungen den Kaufentscheid beeinflussen können. Ein/e Assistent*in des/der Fertigungsleiters*in kann die Rolle des/der „Informationsselektierers*in" übernehmen und den Entscheidungsprozess vorbereiten und organisatorisch begleiten. „Einkäufer*innen" sind die Mitarbeiter*innen der Einkaufsabteilung, die für den formalen Kaufentscheid und den Ablauf der Bestellung beim Kundenunternehmen verantwortlich sind.

Jede der am Entscheidungsprozess beteiligten Personen vertritt eine grundsätzliche Bedürfnislage aufgrund ihrer Rolle (Abb. 2.3). Doch Personen reagieren nicht allein in Funktion ihrer Rolle im Buying-Center, sondern auch aufgrund ihrer spezifischen demografischen Situation (Alter, Ausbildung, Einstellungen, hierarchische Position im Unternehmen usw.). Hier spielt das Konzept der „Persona" eine wichtige Rolle im Prozess der Marktsegmentierung (siehe Abschn. 3.4.3).

Der Kaufprozess im Industriegüterbereich erfolgt in definierten Phasen, wobei der Einfluss der Mitglieder eines Buying-Centers im Laufe des Prozesses unterschiedlich groß sein kann (Abb. 2.4). Beim erstmaligen Kauf eines Produkts werden alle Prozessphasen durchlaufen. Bei einem Produkt, das vom betreffenden

Rollenträger*in im Buying-Center	Phasen des Kaufprozesses bei Industriegütern					
	Problem-erkennung	Problemlösung bestimmen	Anbieter suchen	Angebote einholen	entscheiden	kaufen
Entscheider*in					▓	
Informations-selektierer*in				▓		
Benutzer*in	▓					
Beeinflusser*in		▓				
Einkäufer*in						▓

Abb. 2.4 Übersicht über den Kaufprozess (grau: das meist wichtigste Mitglied des Buying-Centers in der entsprechenden Phase des Kaufprozesses)

Unternehmen schon mehrmals eingekauft wurde, wird ein verkürzter Einkaufsprozess angewendet. Oft dauert es von der Problemerkennung bis zum Kaufentscheid beträchtlich lange.

Marktsegmente bilden

3

Um in den Prozess der Marktsegmentierung einsteigen zu können, benötigt der/die Marketingmanager*in eine strategische Aussage in Bezug auf die Produktkategorie, die er/sie vermarkten soll. Er/Sie muss wissen, ob er/sie Standardprodukte oder Einzelanfertigungen verkaufen wird. Durch den Marktsegmentierungsprozess werden dann die einzelnen Kundengruppen und die konkreten Produkte bestimmt, die durch das Unternehmen angeboten werden sollen.

3.1 Vorbereitung für die Marktsegmentierung

Für die Vorbereitung der Marktsegmentierung sind mehrere Schritte notwendig. Der strategische Fit der in die Marktsegmentierung einbezogenen Märkte ist sicherzustellen, d. h., es ist abzuklären, dass diese Märkte grundsätzlich im Einklang mit den Aussagen der Unternehmensstrategie stehen. Es ist auch wichtig, dass das Management des Unternehmens hinter dem Marktsegmentierungsprojekt steht und dieses gegenüber allen Mitarbeiter*innen wirkungsvoll kommuniziert und vertritt (siehe Abschn. 5.5). Im Weiteren gilt es sicherzustellen, dass genügend personelle Ressourcen für die Marktsegmentierung zur Verfügung stehen. Ein wirksames Know-how-Transferprogramm für die involvierten Mitarbeiter*innen ist notwendig.

Die Qualität der Marktsegmentierung hängt in großem Maße davon ab, wie gut die Informationen sind, die dafür eingesetzt werden. Mögliche traditionelle Informationsquellen sind unten in Tab. 3.1 aufgeführt. Als Grundlage für die Makrosegmentierung werden Adressdatenbanken eingesetzt, wie z. B. von der Firma Schober. Die Adressen werden online nach verschiedenen Kriterien ausgewählt. Adresslisten mit Angaben zur Branche, der Region, der Firmengröße (Umsatz,

P. Ammann, *Marktsegmentierung für Industriegütermärkte,* essentials, https://doi.org/10.1007/978-3-658-35633-0_3

Tab. 3.1 Beispiele von Informationsquellen für die Makrosegmentierung

Art der Quelle	Quellen
Interne Quelle	Datenbank mit den Adressen aktueller und potenzieller Kunden Customer-Relationship-Management (CRM) Anwendungen …
Öffentliche Quellen	Statistiken der Industrie- und Handelskammern Statistiken der Außenhandelskammern Statistiken nationaler und Internationaler Körperschaften Nationale und internationale Brancheneinteilungen Statistiken der Branchenverbände Geschäftsberichte der Konkurrenz und der Kunden …
Kommerzielle Quellen	Adressdatenanbieter wie Schober (www.schober.de) Kompass (de.kompass.com) Angebote der Zeitungsverlage (Bsp.: www.handelszeitung.ch) Kommerzielle Datenbankanbieter wie Dialog (www.dialog.com) und Dun & Bradstreet (www.dnb.com) …

Anzahl Mitarbeiter*innen, …), des Firmensitzes und der Rechtsform können für die Analyse und Marktbearbeitung beschafft werden. Die Rubrik „Kontaktpersonen" erlaubt eine Adressselektion auf Ebene der Ansprechpartner*innen (z. B. Geschäftsleiter*in oder Leiter*in Marketing).

Es ist davon auszugehen, dass die Digitalisierung, d. h. Themen wie Künstliche Intelligenz, Maschinelles Lernen und Big Data, die Marketingstrategien und viele Teile der Geschäftsmodelle noch umfassender beeinflussen werden, als dies heute der Fall ist. Im Marketing sind mögliche Anwendungen in den Bereichen Segmentierung, Analytik (mit Bezug auf Marketingstrategie, Messaging und Personalisierung) und prädiktive Verhaltensweisen (mit Bezug auf das Kundenverhalten) zu finden (Columbus 2021).

Der Einsatz von Künstlicher Intelligenz variiert je nach Branche. Es sind vor allem Firmen in den Branchen Konsumgüter, Einzelhandel, Banken und Reisen, die mit der Anwendung führend sind. Der Fokus dieser Business-to-Customer-Unternehmen ist dabei besonders auf die Kundenanalyse (z. B. Verbraucherverhalten) gerichtet. „With Artificial Intelligence (AI), online retailers may be able to predict what customers will want; assuming that these predictions achieve high accuracy, retailers might transition to a shipping-then-shopping business model." (Davenport et al. 2020, S. 25). E-Commerce, mobiler Handel

Tab. 3.2 Daten für die Marktsegmentierung mit Hilfe von Maschinellem Lernen

Art der Daten	Daten
Aktivitätsbasierte Daten	Website-Tracking-Informationen, Kaufhistorien, Call-Center-Daten, mobile Daten, Reaktion auf Anreize
Soziale Netzwerkprofile	Arbeitsverlauf, Gruppenzugehörigkeit
Soziale Einfluss- und Stimmungsdaten	Produkt- und Unternehmensassoziationen (z. B. Likes oder Follower), Online-Kommentare und -Bewertungen, Kundendienstaufzeichnungen

und Social-Media-Plattformen haben es diesen Unternehmen ermöglicht, Marketing, Kundensupport und -dienstleistungen besser zu gestalten, da Besucher*innen und Käufer*innen ihre täglichen Aktivitäten online durchführen und dabei diverse Daten generieren (Kudyba und Davenport 2018; Offsey 2013). Neuronale Netzwerke sowie andere Methoden des maschinellen Lernens ermöglichen es, mithilfe dieser Daten (siehe Tab. 3.2) immer feinere Marktsegmente zu definieren und das Targeting von Inhalten, Angeboten, Produkten und Dienstleistungen detaillierter zu spezifizieren. Ein Beispiel sind die Empfehlungsmaschinen von digitalen Plattformen wie Amazon, Netflix und Spotify. Anhand von Kundendaten treffen sie Vorhersagen über das Interesse des/der Nutzers*in und selektieren aus dem umfassenden Angebot das entsprechende Produkt und empfehlen dieses. Bei Netflix wurde beobachtet, dass 75 % dessen, was die Leute schauen, als personalisierte Empfehlungen vorgeschlagen wurde (Schrage 2020).

Es bleibt die Frage, wie Industriegüterhersteller von den neuen Technologien bei ihrer Marktsegmentierung profitieren können. Verglichen mit der wachsenden Begeisterung für Künstliche Intelligenz, ist die tatsächliche Implementierung relativ gering. Weniger als eine von fünf Business-to-Business-Organisationen (B2B) wenden Maschinelles Lernen in ihrem Vertrieb und Marketing an (Koskinen 2021).

Dennoch kann Maschinelles Lernen auch einem Business-to-Business-Unternehmen dabei helfen, mehr über seine Kundenunternehmen zu erfahren, damit es die Marktsegmente entsprechend anpassen kann. Während für die traditionelle Segmentierung begrenzt Daten zur Verfügung stehen (z. B. Umsatz, Anzahl Mitarbeiter*innen), bieten Webinhalte (z. B. von LinkedIn) detaillierte Beschreibungen von Unternehmen. Künstliche Intelligenz kann aus diesen digitalen Daten Kundschaft identifizieren und detaillierte Informationen extrahieren. Weiter lassen sich aus den Mustern in den Daten prädiktive Vertriebs- und Marketingmodelle bilden, die für Scoring-, Prognose- und Klassifizierungsfunktionen verwendet werden. Die Applikation der Firma zoominfo kann beispielsweise durch die Anwendung von Künstlicher Intelligenz auf verschiedene Bereiche im Internet in kurzer Zeit eine Vielzahl von Einblicken in Unternehmen generieren. So verlässt sich das Unternehmen Autodesk zunehmend auf die prädiktive Analytik, um wahrscheinliche Kundenunternehmen zu identifizieren oder die Führungskräfte in großen Kundenorganisationen zu finden, die am ehesten eine Geschäftsbeziehung eingehen (Kudyba und Davenport 2018).

Grundsätzlich wird argumentiert, dass Maschinelles Lernen die Effizienz der Algorithmen zur Segmentierung steigert und die Möglichkeit bietet, sehr große und sogar unstrukturierte Datensätze, d. h. Big Data, für die Segmentierung zu verwenden (Syam und Sharma 2018). Als Folge kann ein Unternehmer den Markt genauer segmentieren und damit die Effizienz des Außendiensts verbessern (Fish et al. 1995).

Für die Vorbereitung der Marktsegmentierung kann folgende Regel abgeleitet werden:

> **Regel 2**
> Wichtig für die Vorbereitung der Marktsegmentierung sind Strategic Fit, Buy-in des Managements, personelle Ressourcen und eine solide Datenbasis.

3.2 Kundenunternehmen segmentieren in Funktion von Makro- und Mikrovariablen

Für die Segmentierung der Kundenunternehmen ist der Ansatz der Makro- und Mikrosegmentierung wichtig (siehe Abb. 3.1). „Eigentlich müssten komplexe kaufspezifische Merkmale verwendet werden, da sie am besten geeignet sind, dem Anspruch jeder Marktsegmentierung gerecht zu werden, einen Bezug zum Kaufverhalten der Nachfrager auf dem relevanten Markt zu besitzen. Andererseits sind gerade solche Kriterien in aller Regel schwer zu erfassen, sodass sie sich einer konkreten praktischen Anwendung mehr oder weniger entziehen." (Kleinaltenkamp 1995, S. 668). In der Praxis muss oft ein Mittelweg zwischen Wünschbarem und Machbarem genügen. In der Praxis spielt deshalb vor allem die Segmentierung auf Grund von Makrovariablen eine große Rolle. „While research has recently focused on micro-segmentation, there is no evidence that B2B [Business-to-Business] firms did the same" (Mora Cortez et al. 2021, S. 421).

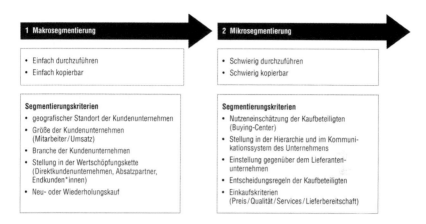

Abb. 3.1 Makro- und Mikrosegmentierung

Als Erstes werden aus einfach zu eruierenden Elementen die Makrosegmente gebildet. Beispiele solcher Elemente sind geografische Lage, sowie Umsatzstärke, Größe und Branche der Kundenunternehmen. Danach wird abgeklärt, ob die Kunden in diesen Segmenten ähnlich auf Marketingaktionen reagieren werden. Ist dies der Fall, handelt es sich bei der Kundengruppe um ein „wirkliches" Segment.

Meistens genügt die Makrosegmentierung den Anforderungen an eine echte Segmentbildung nicht. Es lässt sich in den meisten Fällen nicht bestätigen, dass Unternehmen eines Makrosegments auch ähnliche Bedürfnislagen aufweisen, was wiederum für die Bildung effektiver Segmente die Grundlage wäre. Trotzdem wird die Makrosegmentierung von vielen Unternehmen eingesetzt, da sie aufgrund von Sekundärdatenforschung relativ einfach und preiswert erhoben und mit einfachem Ressourcenaufwand durchgeführt werden kann. „Industry-based segmentation is often used in practice as a heuristic for needs-based segmentation, since customer needs might vary based on their industry" (Mora Cortez et al. 2021, S. 421).

In vielen Fällen ist, in einem weiteren Schritt, die Bildung von Mikrosegmenten sinnvoll. Insbesondere, wenn die Makrosegmentierung keine sinnvolle differenzierte Marktbearbeitung ermöglicht. Mikrosegmente werden beispielsweise in Funktion des Verhaltens und der Bedürfnisse der am Kaufentscheid beteiligten Personen bestimmt. Dazu müssen Marktforschungsdaten erfasst und ausgewertet werden.

Es gilt folgende Regel:

Regel 3
In einem ersten Schritt werden Segmente auf der Ebene von Makrosegmenten erstellt, die meist einfach und kostengünstig zu erheben sind.
Falls diese Makrosegmente für eine Erfolg versprechende Marktbearbeitung
ungenügend sind, werden Mikrosegmente gebildet.

3.3   Makrosegmente

Makrosegmente gruppieren die Kundenunternehmen aufgrund von einfach zu
erhebenden, direkt beobachtbaren Kriterien wie demografischen Kriterien oder
Kriterien der Verhaltensweise.

3.3.1   Segmentierung aufgrund von demografischen Kriterien

Ausgangspunkt ist der in Unternehmen weit verbreitete Ansatz der Segmentierung
nach primären Ausprägungen der Kundenunternehmen. Im Bereich der Industriegütermärkte ist eine Segmentierung nach geografischen Gesichtspunkten, in
Funktion der Größe sowie der Branche der Kundenunternehmen möglich.
    Beispiele von demografischen Kriterien sind:

- Konsumgütermärkte: Alter, Geschlecht, Einkommen, Beruf, Familiengröße,
  Ausbildung, …
- Industriegütermärke: Ort des Unternehmens, Größe (Verkauf, Anzahl Mitar-
  beiter*innen), Industriebranche, ...

3.3.1.1 Segmentierung aufgrund der Größe der
Kundenunternehmen

Diese Art der Segmentierung spielt oft eine wichtige Rolle im Bereich des
segmentspezifischen Vertriebsmanagements. Dabei werden zum Beispiel große
Kundenunternehmen über das Key Account Management, mittlere Kundenunternehmen über den Außendienst und kleine Kundenunternehmen über Distributoren oder online angesprochen. Siehe dazu Abschn. 5.3, Segmentspezifisches
Vertriebsmanagement.

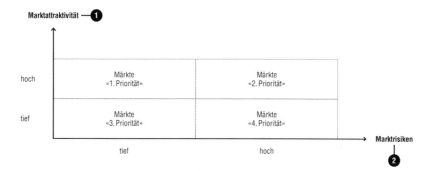

Abb. 3.2 Segmentierung der Absatzländer in Funktion der Marktattraktivität und der Marktrisiken

3.3.1.2 Segmentierung in Funktion des Standortes der Kundenunternehmen

Die Segmentierung aufgrund geografischer Kriterien spielt vor allem eine große Rolle beim Entscheid für oder gegen den Einstieg in einen ausländischen Markt. Dabei sind Informationen über Ländermärkte eine wesentliche Voraussetzung für das strategische internationale Marketing. Entscheidungen zum Markteintritt beruhen auf kombinierten Analysen von Marktattraktivität und Marktrisiken (Abb. 3.2). Sie erfordern eine eingehende Segmentierung der Länder und eine Analyse der Ländermarktentwicklung und der Einflussfaktoren. Unter Marktattraktivität (**1**) werden analysiert, gewichtet und bewertet: Größe und Wachstum des Marktes, Kaufkraft der Kundenunternehmen, Potentielle Wettbewerbspositionierung des anbietenden Unternehmens, Preissituation, Intensität des Wettbewerbs,... . Unter Marktrisiken (**2**) werden analysiert, gewichtet und bewertet: Polititsche Stabilität, Stabilität des Wechselkurses, Importformalitäten, Interkulturelles Risiko, Korruptionsrisiken,... .

Die Einschätzung der Priorität der Absatzländer hat Einfluss auf den Vertriebsansatz in den Absatzländern, wie der folgende Case von Feintool zeigt.

Case: Feintool, Teil 1 – Internationale Marktsegmentierung

Feintool bietet als Weltmarktführer in der Feinschneidtechnologie seinen Kundenunternehmen den gesamten Prozess des Feinschneidens, vom Engineering über die Werkzeugkonstruktion bis hin zur Massenproduktion, an. Feintool ist in 47 Ländern aktiv. In den Hauptmärkten existieren eigene Vertriebsgesellschaften. In anderen Märkten werden unabhängige Vertretungen

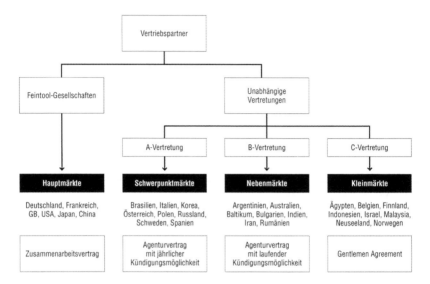

Abb. 3.3 Internationale Marktsegmentierung der Feintool

eingesetzt. Potenzialstarke Schwerpunktmärkte werden von A-Vertretungen bearbeitet. Für Nebenmärkte sind B-Vertretungen verantwortlich. In Märkten mit geringer Bedeutung übernehmen C-Vertretungen die Marktbearbeitung. Die Zusammenarbeit mit den Vertretungen ist über unterschiedliche Vereinbarungen geregelt (siehe Abb. 3.3). „Gentlemen Agreement" bedeutet die Zusammenarbeit mit einem Vertriebspartner ohne Abschluss eines formalen Vertrags.

Die Absatzpartner übernehmen unterschiedliche Aufgaben im Marketing- und Verkaufsprozess (vgl. Abb. 5.4). Während die Feintool Gesellschaften in den Hauptmärkten den ganzen Prozess des Marketings und Verkaufs abdecken – von der Werbung bis zum After-Sales Service –, sind die Vertreter in Kleinmärkten nur für die ersten Schritte im Marketing zuständig. Für den eigentlichen Verkaufsprozess sind in diesen Märkten Mitarbeiter*innen aus dem Mutterhaus verantwortlich. Diese unterschiedlichen Arbeitspakete der Vertretungen haben auch einen Einfluss auf die Betreuung vonseiten Feintool (siehe dazu Abschn. 5.3).◄

3.3.2 Segmentierung aufgrund der Verhaltensweise der Kundenunternehmen

Die Verhaltensweise der Kundenunternehmen ist eine weitere wichtige Gruppe der Segmentierungskriterien für Industriegütermärkte. Dazu gehören die Anzahl und Häufigkeit der Beschaffung sowie die Art des Einsatzes der Produkte des Herstellers im Fertigungsprozess der Kundenunternehmen. Beispiele von Kriterien der Verhaltensweise sind:

- Konsumgütermärkte: Kaufhäufigkeit, Einsatzanlass, Loyalität, Preissensitivität, ...
- Industriegütermärke: Anzahl und Häufigkeit des Einkaufs, Art des Einkaufs (Neu, angepasster oder reiner Wiederholungskauf), Art des Einsatzes, Einsatz beim/bei der Endkonsumenten*in, ...

Interessant für eine optimale Marktbetreuung bei Industriegütermärkten ist insbesondere das Kriterium Neu- und Wiederholungskauf (siehe Abb. 3.4). Neukundenunternehmen verhalten sich anders als bestehende Kundenunternehmen und brauchen eine andere, oft weitergehende Betreuung als Kundennehmen, welche ein Industriegut bereits einmal bei einem Anbieterunternehmen bezogen haben. So segmentiert ein Unternehmen der Computerbranche die Kundschaft in „bestehende Kundenunternehmen" und in solche, die Konkurrenzprodukte einsetzen. Kundenunternehmen mit Konkurrenzprodukten werden anders bearbeitet als

	Neukauf	Angepasster Wiederholungskauf	Reiner Wiederholungskauf
Kaufprozess			
1. Problemerkennung			
2. Lösung bestimmen			
3. Anbieter suchen			
4. Angebote einholen			
5. Entscheiden			
6. Kaufen			

Abb. 3.4 Systematischer Einkaufsprozess bei industriellen Kundenunternehmen: Neukauf- und Wiederholungskauf

„bestehende" Kundenunternehmen. Die Informationsbasis für diese Kundensegmentierung bilden die Kundenliste des Unternehmens und die Befragung der
potenziellen Kundenunternehmen durch Außendienstmitarbeiter*innen. Kundenunternehmen vor einem Neukauf, sei es von einer Technologie oder eines
Produkts eines Anbieterunternehmens, müssen in vielen Branchen persönlicher,
ausführlicher und über eine längere Zeitperiode betreut werden als Unternehmen,
die einen Wiederholungskauf tätigen wollen.

Für die Makrosegmentierung gilt folgende Regel:

Regel 4
Makrosegmentierung: Kundensegmente werden identifiziert aufgrund direkt
beobachtbarer Kriterien, wie z. B. geografischer Standort der Kundenunternehmen, Größe der Kundenunternehmen (Mitarbeiter*innen/Umsatz),
Branche der Kundenunternehmen, Neu- oder Wiederholungskauf, ...

3.4   Mikrosegmente

Falls die Segmentierung aufgrund von Makrosegmenten zu wenig Erfolg versprechend erscheint und keinen optimalen Einsatz der Marketinginstrumente erwarten
lässt, gilt es, diese feiner in sogenannte Mikrosegmente zu unterteilen. Eine Segmentierung in Mikrosegmente ist oft nur aufgrund aufwendiger Marktforschung
möglich und ist wesentlich komplexer und aufwendiger in der Einführung und
Umsetzung im Unternehmen.

3.4.1   Segmentierung in Funktion des Kundenverhaltens

Eine Möglichkeit der Segmentierung beruht auf dem Kriterium des Verhaltens
der Kundenunternehmen im Zusammenhang mit dem Service. Dienstleistungen und insbesondere sogenannte „Product-Service-Systems (PSS)" (Produkt-
Dienstleistung-Systeme) – ein Angebotspaket, das Produkte und Dienstleistungen
integriert –, haben eine hohe Bedeutung für den Aufbau von Wettbewerbsvortei-
len erhalten. Sie bieten einen Mehrwert bei der Nutzung der Produkte (Baines
et al. 2009). Mit dem Fortschreiten der Digitalisierung werden zudem „digitally-
enabled Product-Service-Systems" immer wichtiger. Solche Systeme integrieren
Hard- und Software so, dass sie beispielsweise dem Hersteller die Fernüberwachung und -diagnose seiner Maschinen ermöglicht (Brax und Jonsson 2009).

Die Geschäftsmodelle zu solchen Wertangeboten lassen sich anhand ihrer Ausprägungen in den Dimensionen Anpassung, Preis und Digitalisierung erstellen
(Kohtamäki et al. 2019). Mögliche Modelle sind beispielsweise der „Produktori-
entierte Serviceanbieter", der „Service-Partner", und der „Prozess-Partner" (vgl.
Abb. 3.5).

Solche Lösungen bieten die Möglichkeit, sich von seinen Mitbewerbern zu differenzieren (Ammann und Rodel 2014). Die Industriegüterunternehmen scheitern
jedoch des Öfteren mit dem Ausbau ihres Dienstleistungsgeschäfts. Ein Kultur-
wandel weg von einer Transaktionsorientierung hin zu einer Dienstleistungs- und
Kundenorientierung ist nötig. Um einen maximalen Nutzen zu generieren, muss
das Dienstleistungsgeschäft als eigenständige Einheit lanciert werden – unter
anderem auch mit eigener Marktsegmentierung.

Die Marktsegmentierung kann, in diesem Fall, aufgrund des Verhaltens
der Kundenunternehmen erfolgen. Beispielsweise aufgrund der Bedeutung der
Dienstleistung des Anbieterunternehmens für die Kundenunternehmen und der
Bereitschaft, diesen an Dritte zu vergeben (Abb. 3.6). Je nach Verhalten der
Kundenunternehmen können danach unterschiedliche Wertangebote geschnürt

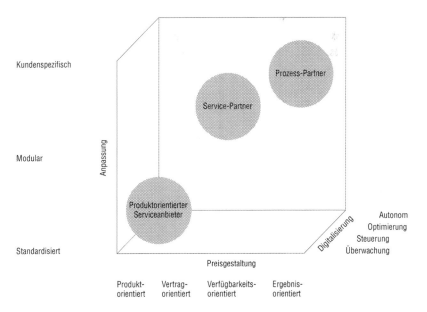

Abb. 3.5 Produkt-Dienstleistung-Modelle und ihre Charakteristiken

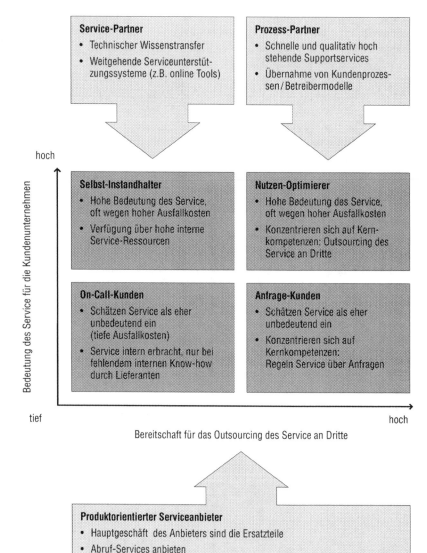

Abb. 3.6 Segmentierung der Kundenunternehmen aufgrund des Verhaltens im Service

und den Kundenunternehmen angeboten werden, von Basis-Angeboten für „On-Call-Kunden" bis zu sehr weitgehenden Dienstleistungsverträgen für „Nutzen-Optimierer". In der Folge muss für die Segmente das entsprechende Geschäftsmodell inklusive des Werteangebots ausgearbeitet und zugeordnet werden. Für den „On-Call-Kunden" eignet sich das Geschäftsmodell des „Produktorientierten Serviceanbieters" und das sehr weitgehende Modell des „Ergebnislieferanten" für das Segment der „Nutzen-Optimierer".

Ein Anbieterunternehmen muss oft gleichzeitig verschiedene Segmente bedienen. Es darf nicht der Eindruck vermittelt werden, dass nur ein Segment von Interesse ist. Das Ziel ist, für jedes Segment das dafür optimale Geschäftsmodell und die entsprechende Werteangebote bereitzuhalten, um dadurch den höchstmöglichen Margenbeitrag für das eigene Unternehmen zu generieren (siehe Abb. 5.2).

3.4.2 Segmentierung in Funktion des Kundennutzens

Nicht jeder, der ein Produkt oder eine Dienstleistung kauft, will den gleichen Nutzen davon haben. Daher kann eine Segmentierung aufgrund der Nutzenerwartung der Kundenunternehmen erfolgen. Dabei wird der Nutzen, welcher ein Produkt oder eine Dienstleistung stiftet und vom Kundenunternehmen oder dessen Endkunden*innen wahrgenommen wird, in den Vordergrund gestellt. Der gesuchte Nutzen definiert Bewertungskriterien, die die Kaufentscheidung motivieren und prägen. Er definiert auch, „warum" ein Kauf in Erwägung gezogen wird. Das Wissen um die Motive des Käufers steuern die Segmentierung und ermöglichen es, die Marktkommunikation und die Entwicklung von Lösungen entsprechend zu steuern. Dabei werden Angebote entwickelt, bei denen die Kundenunternehmen eher dazu neigen, diese zu kaufen, weil sie diese schätzen (Albert 2003).

Von großer Bedeutung ist die Segmentierung nach Präferenzen bei Produkten in gesättigten Märkten. In diesen Märkten besteht die Herausforderung darin, die „Commodity-Falle" zu vermeiden. Grundursachen, durch die eine „Commodity-Falle" ausgelöst werden kann, sind: die Kundenunternehmen, die Technologie und der Wettbewerb (siehe Abb. 3.7). Die drei Ursachen sind miteinander verbunden und verstärken sich gegenseitig. Demzufolge zeichnen sich solche Märkte beispielsweise durch informierte Kundenunternehmen, die Produkte nur kaufen, wenn diese ihren Bedürfnissen sehr weitgehend entsprechen, standardisierte Technologien, die den Aufbau von Konkurrenzvorteilen behindern, und großem Konkurrenzdruck aus. Das Produkt wird dabei zur „Commodity"; die Kundschaft stuft es als gleichwertig mit dem Angebot der Konkurrenz ein. Als

Abb. 3.7 Elemente der „Commodity-Falle"

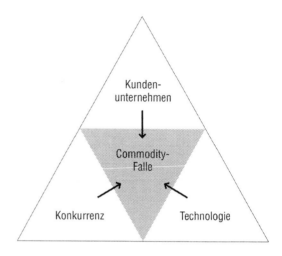

Konsequenz verliert die Qualität als Profilierungsmerkmal an Bedeutung, die Produkte werden nicht mehr im Detail geprüft. Stattdessen wird der Preis zum entscheidenden Differenzierungsmerkmal im Wettbewerb. Schlussendlich ist die „Commoditization" ein dynamischer Prozess, der die finanzielle Position jeder Organisation verschlechtert (Matthyssens und Vandenbempt 2008).

Für ein Industriegüterherstellerunternehmen stellt sich in einer solchen Situation die Frage, was zu tun ist. Der „Commodity-Falle" lässt sich durch eine klare Marktsegmentierung begegnen. Durch Umfragen und Marktbeobachtung erhält das Unternehmen die notwendigen Informationen, um die Kundschaft in mindestens zwei Gruppen einteilen zu können (siehe Abb. 3.8). Bei der ersten Gruppe folgt der Hersteller der Option „Regeln ändern". Durch Bearbeitung der drei Grundursachen der „Commodity-Falle" ändert er Teile des Geschäftsmodells. Dem Kundensegment, welches an einem „erweiterten Produkt" interessiert ist und dafür auch bezahlen will, wird ein entsprechendes Lösungspaket an Produkt und Dienstleistungen angeboten (Segment 1). Die Ausgestaltung der Lösung kann dabei nach der „Funktion des Kundenverhaltens" (siehe Abschn. 3.4.1) erfolgen. Diese Strategie des „Mehrwerts" bringt zudem den Vorteil der Kundenzentriertheit, d. h. dem Aufbau einer Kundenbeziehung und -bindung (Matthyssens und Vandenbempt 2008). Bei der zweiten Gruppe folgt der Hersteller der Option „Regeln spielen". Er konkurriert über den Preis. Für alle Kundenunternehmen, die Zusatzleistungen nicht honorieren wollen, wird ein Angebot ohne oder nur mit

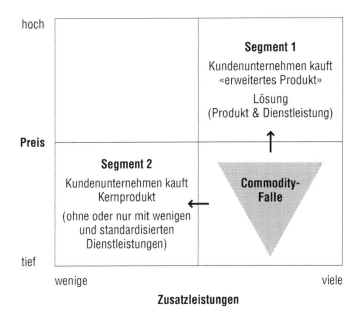

Abb. 3.8 Segmentierungsvarianten in Funktion der Zusatzleistungen und des Preises als Ausweg aus der „Commodity-Falle"

wenigen standardisierten Dienstleistungen vorbereitet (Segment 2). Diese Strategie bringt jenen Unternehmen Erfolg, die konsequent das eigentliche Produkt (oder Kernleistung) von den Zusatzleistungen abtrennen.

Die eigentlich ideale Segmentierung nach Kundennutzen bereitet Industriegüterherstellern oft einige Mühe (Perrey und Hölscher 2003). Die vollständige Erfassung des Kundennutzens ist schwierig und aufwendig. Oft ist es bereits eine Herausforderung zu bestimmen, wessen Nutzenerwartung erfasst werden soll, da bei Industriegüterentscheiden immer mehrere Personen im Kundenunternehmen involviert sind. Weiter ist die Erreichbarkeit der Mitarbeiter*innen der Kundenunternehmen für Marketingmaßnahmen oft nicht sichergestellt. Viele Industriegüterhersteller setzen deshalb den pragmatischen Segmentierungsansatz aufgrund z. B. demografischer Merkmale ein, obwohl die Aussagekraft dieser Segmente nur beschränkte Gültigkeit hat. Segmente aufgrund von demografischen Faktoren zeichnen sich durch eine hohe Zugänglichkeit aus, bilden aber nur eine „zufällige Schnittmenge" mit den Segmenten aufgrund von Nutzenerwartungen der Kundenunternehmen.

3.4.3 Segmentierung mit Personas und dem Ansatz des Buying-Centers

Eine Marktsegmentierung ist wertvoll, um zu verstehen, wer etwas kaufen will, damit sichergestellt werden kann, dass die Produkte und Dienstleistungen die richtigen Personen oder Unternehmen erreichen. Es fehlt jedoch meistens das Verständnis dafür, warum die Kundenunternehmen ein Produkt kaufen und was sie von diesem erwarten. Deshalb ist es von Nutzen, ein Zielsegment nicht nur als Gruppe mit gleichen Auswahlkriterien zu definieren, sondern sich die Gruppe als konkrete Person mit ihrem Verhalten und Bedürfnissen vorzustellen. Diese Überlegungen spielen gerade bei Industriegütermärkten eine große Rolle, da die Kaufentscheidung in vielen Fällen durch mehrere Rollenträger, mit zum Teil unterschiedlichen Interessen, getroffen werden (siehe Kap. 2). Dabei kommt die „Persona" ins Spiel.

Personas und Marktsegmente dienen zum Tei unterschiedlichen Zwecken. Marktsegmente sind eine übergeordnete, meist quantitative Klassifizierung von Personen und Unternehmen auf der Grundlage allgemeiner Gemeinsamkeiten. Als strategisches Marketinginstrument ermöglichen es Segmente, eine Strategie zu erstellen, die eine große Gruppe innerhalb des Zielmarkts anspricht. Eine Persona hingegen ist eine sehr spezifische, auf realer Forschung und qualitativer Daten (z. B. kontextbezogener Eins-zu-Eins-Interviews) aufbauende Darstellung von bestimmten Personen innerhalb der Segmente. Als taktisches Werkzeug beleuchtet sie Details einer Person, wie deren Erfahrung, Ziele und Motivation. Beide Marketinginstrumente können komplementär verwendet werden, um erfolgreich Produkte zu entwerfen und zu verkaufen (Brechin 2002).

Grundsätzlich ist eine Persona ein Profil einer fiktiven Person, die eine bestimmte Gruppe von Personen mit gemeinsamen Eigenschaften repräsentiert (z. B. Kunden*innen oder Benutzern*innen, ein Marktsegment, Mitarbeiter*innen, ...). Mit Wurzeln in der Programmierung und im User Experience Design (Cooper 2004), ermöglichen es Personas einem Unternehmen, die Aufgaben des Kundenunternehmens besser zu verstehen und diese intern besser zu kommunizieren (Grudin und Pruitt 2002). Zudem helfen sie beim Entwurf einer detaillierten Geschichte rund um die Aktivitäten und Motive einer Gruppe und dienen so als Leitfaden für spezifische Marketing- und Produktentscheidungen. Im Marketing sind Personas ein Mittelweg zwischen Marktsegment und der einzelnen Person. Und während die Design-Persona die Geschichte von jemandem erzählt, der ein Produkt benutzt, erzählt die Marketing-Persona die Geschichte von jemandem, der entscheidet, ein Produkt zu kaufen (Pruitt und Adlin 2010, S. 617).

Personas werden typischerweise in Form eines Porträts einer Person kommuniziert. Die Porträts enthalten dabei beispielsweise neben demografischen und statistischen Angaben eine Beschreibung der Einstellungen, Interessen, Fähigkeiten, Bedürfnisse, Motivationen, Ziele und Frustrationen der Person (Stickdorn et al. 2018, S. 41). Diese Profile sind keine Stereotypen, sondern Archetypen, die dabei helfen, Gruppen mit ähnlichem Verhalten, Bedürfnissen und Zielen verständlicher zu machen. Die Personen müssen nicht unbedingt mit traditionellen Segmenten im Marketing übereinstimmen, vielmehr wird die Persona oft mehrere Segmente überschneiden. Eine Möglichkeit ist es, die Persona in Form eines Kundenprofils, das Job, Pains und Gains beinhaltet, zu beschreiben (Osterwalder et al. 2014, S. 13):

- Jobs: Beschreiben die Dinge, die ein/e Kunde*in bei der Arbeit oder im Leben zu erledigen versucht.
- Gains: Beschreiben die Ergebnisse oder den konkreten Nutzen, den sich ein/e Kunde*in wünscht.
- Pains: Beschreiben, was ein/e Kunde*in vor, während und nach dem Versuch, eine Aufgabe zu erledigen, nervt oder daran hindert, diese zu erledigen.

Wie bei einem Segment sollte eine Persona einen aussagekräftigen Namen erhalten. In einem Team wissen dann sofort alle, von welcher Zielgruppe gesprochen wird. Ein Unternehmen muss oft mit verschiedenen Daten experimentieren, bis es weiß, welche davon für die Entwicklung der Personas nützlich sind. Es ist jedoch sinnvoll, wenn die Daten einen Bezug zur Art des Marketings einer Firma haben.

In einem Forschungsprojekt mit den Schweizerischen Bundesbahnen (SBB) wurde untersucht, wie die Bahn als Arbeitsplatz benutzt wird (Schäfer und Klammer 2015). Dabei wurden auf der Basis einer Online-Kunden-Community Personas konstruiert. Aufgrund der Aktivitäten und Wünsche dieser Personas kann das Management nun das Angebot ausbauen.

Folgende Elemente (vgl. Abb. 3.9) werden zum Beschreiben einer Persona empfohlen (Stickdorn et al. 2018, S. 41):

1. **Ein Porträtbild:** Ein repräsentatives Foto oder Bild der Persona, das die gemeinsamen Eigenschaften, Ziele, Motivationen, Aufgaben oder Verhaltensweisen zeigt. Alternativ können geschlechts-, alters- und ethnieneutrale Skizzen verwendet werden, um stereotype Annahmen zu vermeiden.
2. **Name:** Ein Name, der die Persona prägend beschreibt und leicht zu merken ist. Er spiegelt oft die Herkunft und das soziale Umfeld einer Persona wider.

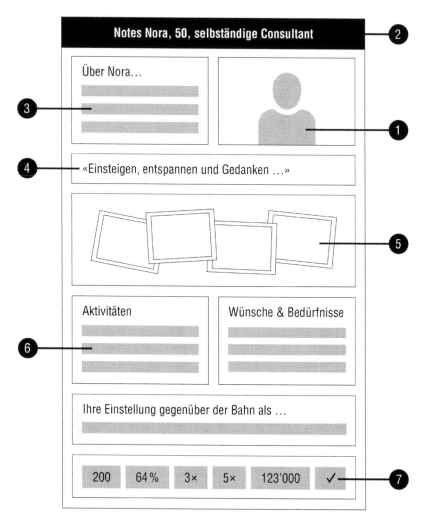

Abb. 3.9 Beispiel einer Persona und deren möglicher Elemente

Der Name kann mit den Archetypen der Persona ergänzt werden oder diesen beinhalten, um den repräsentierten Stakeholder oder die Zielgruppe zu beschreiben.

3. **Demografische Informationen:** Demografische Informationen, wie z. B. Alter, Geschlecht, Beruf oder geografische Daten, geben einer Persona einen Kontext und erzeugen ein spezifisches Bild einer bestimmten Zielgruppe. Diese Informationen führen jedoch oft zu stereotypen Annahmen und sind oft weniger aussagekräftig, als sie auf den ersten Blick erscheinen, da sie wenig über Vorlieben oder Verhalten vorherzusagen.

4. **Zitat:** Ein Zitat fasst die Einstellung der Persona in einem Satz zusammen. Es sollte leicht zu merken sein, damit es hilft, sich schnell in eine Persona einzufühlen.

5. **Stimmungsbilder:** Fotos oder Skizzen können den Kontext oder die schriftliche Beschreibung einer Persona anreichern. Sie veranschaulichen das Umfeld oder die Verhaltensmuster einer Persona sowie ihre Ziele und Motivationen. Kontextbilder können beispielsweise Gegenstände zeigen, die die Persona immer dabeihabt.

6. **Beschreibung:** Die Beschreibung kann Merkmale, Persönlichkeit, Einstellungen, Aktivitäten, Interessen, Fähigkeiten, Bedürfnisse, Erwartungen, Motivationen, Ziele, Frustrationen, Marken oder Technologien, die die Persona mag, oder Hintergrundgeschichten aufzeigen. Sie sollte nur Details enthalten, die für die Anwendung der Persona wichtig und relevant sind.

7. **Statistiken:** Statistiken fassen relevante quantitative Informationen zusammen und können die Zuverlässigkeit einer Persona erhöhen, insbesondere, wenn sie im Management- oder Marketingkontext verwendet werden.

Generell macht es keinen Sinn, Merkmale für potenzielle Kunden*innen zu erstellen, die keinen Bezug zu einem Kundensegment haben. Der Schritt vom breitem zum engen Fokus ist der Grund, warum empfohlen wird, dass die Erstellung von Personas erst dann erfolgen sollte, wenn durch die Marktsegmentierung aufgrund von Makrovariablen bereits einige allgemeine Merkmale herausgearbeitet wurden (Pruitt und Grudin 2003). Es gibt Ansätze, die reale Benutzererfahrungen verwenden, um die Personas zu erstellen, die später bei der Überarbeitung der Segmentierung verwendet werden. Der Prozess „von Segmenten zu Personas" wird umgekehrt zu „von Erfahrungen zu Personas zu Segmenten" (Ketamo et al. 2010). Oft überschneiden die Bedürfnisse einer Persona mehrere Marktsegmente (Stickdorn et al. 2018, S. 41). Dies kann dabei helfen, die Anzahl der Zielgruppen zu minimieren.

Wie in Kap. 2 beschrieben, spielen die Rollenträger des Buying-Centers eine unterschiedlich wichtige Rolle im Laufe des Entscheidprozesses (vgl. Abb. 2.4). Das Anbieterunternehmen muss dies erkennen und die Rollenträger entsprechend kommunikativ betreuen, wie es das nachfolgende Beispiel zeigt.

Beispiel: Rollenträger des Buying-Centers

Als Buying-Center werden alle Mitarbeiter*innen bezeichnet, die an der Kaufentscheidung beteiligt sind (vgl. Abb. 2.2). Dies sind bei einer Investition neben den späteren Anwendern zum Beispiel Abteilungsleiter*in, Einkäufer*in und bei großen Investitionen auch die Geschäftsleitung. Wichtig dabei ist, dass nicht jede Buyer Persona, d. h. Mitglied im Buying-Center, dieselben Informationen benötigt und nicht auf die gleiche Art angesprochen werden möchte. Indem die Mitarbeiter*innen des Anbieterunternehmens die Perspektive der einzelnen Buyer Persona verstehen, können sie durch angepasste Kommunikationsmaßnahmen alle Entscheider individuell überzeugen.

Wenn beispielsweise für den Produktionsprozess eine sehr komplexe Sondermaschine gekauft werden soll, tragen zur Entscheidung folgenden Personen bei (Ni 2020):

- Geschäftsführer*in: Da eine neue Maschine eine sehr große Investition für das Unternehmen darstellt, ist der/die Geschäftsführer*in sehr daran interessiert, ob und wann sich die Investition amortisiert.
- IT: Die IT interessiert, wie gut sich die neue Maschine in bisherige Systeme einbinden lässt.
- Einkäufer*in: Den/die Einkäufer*in interessieren vor allem der Preis, die Zuverlässigkeit und der Kundenservice.
- Anwender*in: Die späteren Anwender*innen interessiert die Bedienbarkeit und Dauer der Einarbeitung.
- Produktionsleiter*in: Für den/die Produktionsleiter*in sind Qualität und Quantität der produzierten Einheiten wichtig, ebenso mögliche Ausfälle und Wartungen der Maschine.

◀

Für die Mikrosegmentierung lässt sich folgende Regel herleiten:

Regel 5
Mikrosegmentierung: Kundensegmente werden identifiziert aufgrund von
aus dem Verhalten abgeleiteten Merkmalen, z. B. Nutzeneinschätzung der
Kaufbeteiligten (Buying-Center), Verhalten der Kundenunternehmen, ...

3.5 Marktsegmente bilden

Nach der Gruppierung der Kundenunternehmen in Segmente geht es darum, die
Bedürfnisse der gewählten Kundensegmente optimal abzudecken. Die Hauptfrage
ist dabei, welche Produkte, mit welcher Priorität, an welche Kundensegmente
verkauft werden sollen. Zur Darstellung dieser Beziehung eignet sich die Produkt-
/Marktmatrix. Ein Segment im Industriegüterbereich besteht immer aus einer
Definition der Kundengruppen zusammen mit dem für sie bestimmten Produkt-
angebot. Die alleinige Betrachtung der Kundensegmente greift für weite Bereiche
des Industriegütermarketings zu kurz: Die angebotene Leistung muss auf die
damit angesprochenen Kundensegmente ausgerichtet werden.

Ein Hersteller von Routern (Netzwerkhardware) hat eine dreistufige Kundensegmentierung vorgenommen, die die Kundenunternehmen nach geografischen
Gesichtspunkten, nach der Stellung in der Wertschöpfungskette und nach bran-
chenbezogenen Kriterien gruppiert (siehe Abb. 3.10). Diese Kundensegmente
werden mit den von ihm angebotenen Produkten in Beziehung gesetzt. Aufgrund
weiterer Analyseschritte (siehe Kap. 4, Marktsegmente auswählen) entscheidet
sich ein Unternehmen für die zu bearbeitenden Marktsegmente.

Wie die Entwicklung der Produkt-/Marktsegmente für ein Unternehmen im
Bereich der Abwasseraufbereitungsanlagen erfolgte, zeigt folgendes Fallbeispiel
auf.

Case: JVAB – Entwicklung der Marktsegmente

Das Unternehmen JVAB stellt Anlagen zur Abwasseraufbereitung her und hat
den Markt in zwei Schritten segmentiert (Mutdoğan 2020). In einem ersten
Schritt wurden die Kundenunternehmen aufgrund ihrer Bedürfnisse in Bezug
auf die Qualität des aufbereiten Wassers und in Funktion der geografischen
Lage der Kundenunternehmen segmentiert. Anschließend wurden die für die
Kundengruppen optimale Produktkonfigurationen bestimmt (siehe Abb. 3.11).

Produkte		
Kernprodukt: Router		
Kernprodukt ohne Zusatzleistungen	Kernprodukt mit gewissen Zusatzleistungen	Produkt mit weitgehenden Zusatzleistungen

Schweiz

Absatzpartnerunternehmen

• Netzwerkinstallateure

Endabnehmerunternehmen

• Banken, Versicherungen

• Behörden

• Handelsfirmen

Deutschland

Absatzpartnerunternehmen

• Netzwerkinstallateure

Endabnehmerunternehmen

• Banken, Versicherungen

• Behörden

• Handelsfirmen

(Kundensegmente (Markt))

▨ Marktsegmente, welche für die Marktbearbeitung gewählt werden können

Abb. 3.10 Produkt-/Marktmatrix mit dreidimensionaler Kundensegmentierung (in Funktion der geografischen Lage, der Stellung in der Wertschöpfungskette und der Branche)

	Segmente der Kundenunternehmen			
	EU/US Premiumnutzung	EU/US Wasserverbrauch für Bewässerungszwecke	EU/US Abwasser und Nicht EU/US Bewässerung	Nicht EU/US Abwasser
Premium-Line	Pureaqua Platinum	Pureaqua Blau	Pureaqua Grün	_ _ _ _ _
Preis/Leistungs-Linie	Pureaqua Blau	Pureaqua Grün	Pureaqua Weiß	Pureaqua Weiß
Tiefpreis-Linie	Pureaqua Grün	_ _ _ _ _	_ _ _ _ _	_ _ _ _ _

(Preissegmente)

Abb. 3.11 Angebotspakete der JVAB für unterschiedliche Marktsegmente

Das Segment „EU/US Premiumnutzung" benötigt die höchsten Reinigungswerte für das behandelte Abwasser. Premium bedeutet, dass das aufbereitete
Wasser für die Reinigung von Gebäuden, Autowäsche und ähnliches eingesetzt werden kann. Das zweite Kundensegment „EU/US Bewässerungszweck-
Wasserverbrauch" benötigt aufbereitetes Wasser für Bewässerungsanlagen, um
damit den Einsatz von sauberem Wasser zu reduzieren. Die Ausgangswerte
des aufbereiteten Wassers sind immer noch hoch, aber geringer als die Werte
für die „EU/US-Premiumnutzung". Das dritte Segment „EU/US Abwasser und
Nicht EU/US Bewässerungswasser" benötigt Wasserqualität für Abwasser in
der EU und US-Märkten und für Bewässerung in anderen Märkten. Das Segment „Nicht EU/USA Abwasser" benötigt die niedrigsten Reinigungswerte
und damit nur die Grundaufbereitung des JVAB Systems.

Die Klassifizierung der Kundenunternehmen nach ihren Bedürfnissen und
Anforderungen war der erste Schritt, um den Markt abdecken zu können. Nach
der Entscheidung der zu bedienenden Zielgruppen wurden die Leistungsbündel
passend zu den Anforderungen der Kundengruppen definiert. Diese wurden mit
„Pureaqua" und einer Farbe bezeichnet.◄

Bei der Bildung von Marktsegmenten gilt folgende Regel:

Regel 6
Ein Segment ist nie allein eine bestimmte Gruppe von Kundenunternehmen.
Zur Definition eines Marktsegments gehört ebenfalls die Ausgestaltung des
auf die Kundenbedürfnisse hin abgestimmten Angebots, der Absatzwege
und der Kommunikation.

Marktsegmente auswählen

4

Die Umsetzung der Marktsegmentierung im Unternehmen ist mit großem Aufwand verbunden, müssen doch verschiedene Teile des Geschäftsmodells (z. B. Organisation & Strukturen, Prozesse, Produkte) angepasst werden. Es ist selten sinnvoll, alle Marktsegmente zu bearbeiten. Nicht alle theoretisch möglichen Marktsegmente erfüllen die wirtschaftlichen Voraussetzungen, um einen solchen Aufwand zu rechtfertigen. Die Bestimmung der Segmente, die angesprochen werden sollen, ist daher eine herausfordernde Managemententscheidung.

Die Grundlage zur Bestimmung der Segmente ist ihre Darstellung in der Produkt-/Marktmatrix (Abschn. 3.5). In der Folge wird bestimmt, wie wirtschaftlich attraktiv ein Marktsegment ist und wie ausgeprägt die Wettbewerbsstärke des Unternehmens, in Bezug auf die Konkurrenten in diesem Segment, ist. Danach werden weitere Faktoren im Zusammenhang mit den Kosten-/Nutzenüberlegungen beurteilt.

Grundsätzlich gilt, dass mit der gezielten Auswahl eines Marktsegments der Unternehmenserfolg erhöht werden sollte. Es ist anzustreben, dass der Mehrertrag durch eine differenzierte Marktbearbeitung die dafür benötigten Kosten übersteigt (vgl. Abb. 4.1).

4.1 Attraktivität der Marktsegmente und der Wettbewerbsvorteile des Unternehmens bewerten

Das Unternehmen muss vor der differenzierten Bearbeitung eines Marktsegments abklären, ob dieses attraktiv ist und ob es über die dafür notwendigen Stärken verfügt. Es handelt sich dabei um eine Analyse interner und externer Faktoren. Die häufigsten Kriterien, die Unternehmen zur Auswahl von Marktsegmenten

© Der/die Autor(en), exklusiv lizenziert durch Springer Fachmedien
Wiesbaden GmbH, ein Teil von Springer Nature 2021
P. Ammann, *Marktsegmentierung für Industriegütermärkte, essentials*,
https://doi.org/10.1007/978-3-658-35633-0_4

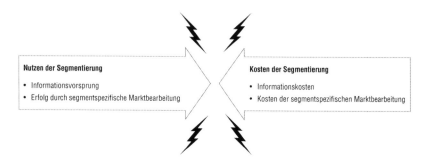

Abb. 4.1 Kosten und Nutzen der Segmentierung

verwenden sind: die Fähigkeit, Käufer im Markt zu erreichen, die Wettbewerbs-positionierung, die Marktgröße, die Kompatibilität des Marktes mit den Zielen und Ressourcen des Unternehmens, die Rentabilität und das erwartete Markt-wachstum (Abratt 1993). Als externe Faktoren beeinflussen etwa die Variablen des Fünf-Kräfte-Modells die Attraktivität eines Segments und geben so wichtige Hinweise, die für oder gegen einen Eintritt in das mögliche Segment sprechen (Porter 2008).

Ein Marktsegment ist demnach umso attraktiver, je …

- kleiner die Rivalität der Konkurrenten innerhalb des Segments ist
- kleiner die Macht der Lieferanten wichtiger Rohstoffe oder Einzelteile für das gefertigte Produkt ist
- kleiner die Macht der Kundenunternehmen ist, die Preise und weitere Teile des Angebotes beeinflussen zu können
- kleiner die Gefahr ist, dass das angebotene Produkt durch neue Angebote ersetzt wird
- kleiner die Gefahr ist, dass neue Konkurrenten in das Marktsegment eindringen werden

Von den Punkten des Fünf-Kräfte-Modells hat insbesondere die „Gefahr neuer Konkurrenten" in vielen Märkten eine hohe Aktualität erhalten. Wichtig ist es bei den heute so ungemein dynamischen Märkten, dass nicht nur die direkte Konkur-renz in die Analyse einbezogen wird. Es kommt häufiger vor, dass Produkte durch Angebote konkurrenziert werden, die die Bedürfnisse der Kundenunternehmen auf eine ganz neue, innovative Weise befriedigen können. Die Anbieterunterneh-men klassischer Lösungen können dadurch schnell unter großen Druck geraten.

Bei der Analyse neuer Marktsegmente müssen daher neben den traditionellen Anbieterunternehmen auch mögliche Lieferanten neuer Technologien in die Konkurrenzanalyse miteinbezogen werden.

In vielen Branchen schaffen intelligente, vernetzte Produkte eine neue Art von Substitutionsprodukten. Diese bieten im Vergleich zu herkömmlichen Produkten oft bessere Leistung, Anpassbarkeit und höheren Kundennutzen. Durch ein breiteres Funktionsangebot können sie auch mehrere herkömmliche Produkte ersetzen. Zudem entsteht eine Verlagerung weg vom Wettbewerb, der allein auf dem Preis besteht (Porter und Heppelmann 2014). Auf der einen Seite stellen solche neuen Produkte für ein Herstellerunternehmen eine Gefahr dar. Auf der anderen Seite bieten sich jedoch auch Chancen. Ein Herstellerunternehmen solcher Produkte und darauf basierender Dienstleistungen kann sein Angebot auf spezifische Marktsegmente zuschneiden – bis hin zu Produkten, die für einzelne Kundenunternehmen individualisiert sind – und sich damit am Markt differenzieren.

Folgender Case zeigt auf, wie vernetzte Werkzeugmaschinen neue Geschäftsmodelle ermöglichen.

Case: Gebr. Heller Maschinenfabrik – Product-as-a-Service

Intelligente, vernetzte Produkte ermöglichen neue Geschäftsmodelle, die einen Ersatz für den Besitz von Produkten schaffen, wie es folgendes Beispiel zeigt. Bei sogenannten Product-as-a-Service-Geschäftsmodellen haben Benutzer*innen vollen Zugang zu einem Produkt, bezahlen jedoch nur für den Teil des Produkts, den sie nutzen. Auf der Grundlage von Überwachung und Vernetzung seiner Werkzeugmaschine bietet beispielsweise die Firma Heller aus Deutschland ein Pay-per-Use-Modell an. Heller gewährleistet die Maschinenverfügbarkeit, während beim Kundenunternehmen nur Kosten anfallen, wenn die Maschine benutzt wird (Gebr. Heller Maschinenfabrik 2020).◄

Zur Beurteilung der Attraktivität einzelner Marktsegmente bietet sich, in Anlehnung an die Portfoliotechnik gemäß GE-McKinsey (Coyne 2008), das Marktattraktivitäts-/Wettbewerbsvorteileportfolio an. Anhand der Attraktivität eines Marktsegments sowie der Stärken des Anbieterunternehmens gegenüber den darin tätigen Konkurrenten wird dabei eruiert, ob ein Segment für die Marktbearbeitung ausgewählt werden soll.

Bei den Inhalten seiner beiden Dimensionen ist das Marktattraktivitäts-/Wettbewerbsvorteileportfolio relativ offen. Das Ziel ist es, aus der Sammlung von verschiedenen Kriterien ein komplettes Bild der Attraktivität des Marktsegments und des Wettbewerbsvorteils zu erhalten. Mithilfe der Punktbewertungsmethode werden die einzelnen Faktoren gewichtet und bewertet. Die Gewichtung sagt aus, wie wichtig der entsprechende analysierte Faktor im Vergleich zu den anderen Faktoren eingeschätzt wird. Die Bewertung sagt aus, wie positiv oder negativ ein bestimmter Faktor beurteilt wird. Der abschließende Wert eines Faktors ist das Resultat der Multiplikation der Gewichtung mit der Bewertung.

Die Erstellung eines Marktattraktivitäts-/Wettbewerbsvorteileportfolio erfolgt wie folgt (vgl. Abb. 4.2):

1. Wichtige Faktoren der Marktattraktivität werden gewichtet und bewertet (siehe nachfolgende Liste der möglichen Faktoren).
2. Wichtige Faktoren der Wettbewerbsvorteile des Unternehmens werden gewichtet und bewertet (siehe nachfolgende Liste der möglichen Faktoren).
3. Die resultierende Marktattraktivitäts-/Wettbewerbsvorteilematrix zeigt auf, wie attraktiv Marktsegmente für das anbietende Unternehmen sind und wie gut sich dessen Produkte/Dienstleistungen von den Konkurrenzangeboten unterscheiden.

Mögliche Faktoren zur Einschätzung der Attraktivität des Produkt-/Marktsegments (**1**) sind:

- Marktgröße, z. B. Anzahl möglicher Kundenunternehmen, durchschnittlicher Umsatz/Kundenunternehmen
- Marktwachstumspotenzial in %
- Grad der Marktbeherrschung durch Konkurrenz
- Anzahl der Konkurrenten und deren Marktanteile
- Markteintrittsbarrieren
- Potenzielle neue Kundenunternehmen, potenzieller durchschnittlicher Umsatz pro Kundenunternehmen
- Profitpotenzial
- Marktumfeld (politisch, sozial, ökologisch, rechtlich)
- Substitutionsprodukte
- Käufermacht
- Lieferantenmacht
- Technische Entwicklungen

Mögliche Faktoren zur Einschätzung der Wettbewerbsvorteile des gegenüber der Konkurenz (**2**) sind:

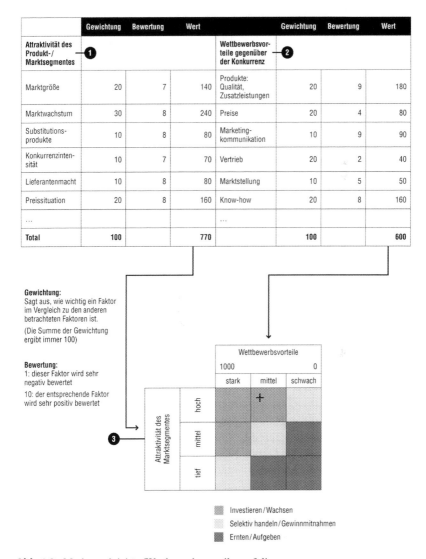

Abb. 4.2 Marktattraktivität-/Wettbewerbsvorteileportfolio

- Produkt: Qualität, Dienstleistungsportfolio
- Wert und Qualität der Angebote
- Preise und Konditionen
- Eigener Marktanteil
- Marketingkommunikation
- Vertrieb & Lieferfähigkeit
- Markenstärke und Reputation
- Know-how (Stand der Forschung und Entwicklung)
- Qualifikation der Mitarbeiter*innen
- Potenzial, einen Konkurrenzvorteil zu erreichen
- Innovationspotenzial
- Finanzielle Stabilität

Es gilt folgende Regel:

Regel 7
Ein Marktsegment soll nur für die aktive Bearbeitung gewählt werden, wenn
der Zielmarkt attraktiv ist und das Unternehmen seine Angebote gegenüber
der Konkurrenz und für die Kundenunternehmen möglichst erkennbar und
bedeutungsvoll differenzieren kann.

4.2   Kosten/Nutzenüberlegungen anstellen

Neben den zwei Faktoren „Attraktivität des Marktsegmentes" und „Wettbewerbsvorteile des Unternehmens" beeinflussen Faktoren, die sich auf Kosten und
Nutzen beziehen, den Entscheid, ob ein Marktsegment differenziert bearbeitet
werden soll (siehe Abb. 4.3).

Der Faktor „Beziehung zum Einkaufsverhalten" erfasst, wie ähnlich die
Kundenunternehmen eines gewählten Segments den Einkaufsprozess gestalten.
Die oft eingesetzten Makrosegmente (Branche, Größe, geografische Lage, …)
gruppieren die Kundenunternehmen, ohne ihrem Einkaufsverhalten genügend
Rechnung zu tragen. Dies wird erst durch die Segmentierung auf der Ebene von
Mikrosegmenten erreicht (siehe Abschn. 3.4, Mikrosegmente).

Die „Bearbeitbarkeit" und „Messbarkeit" bezieht sich auf die Möglichkeit, die
Ansprechpartner*innen eines gewählten Segments auf effiziente Weise ansprechen und messen zu können. Beispielsweise kann es sehr aufwendig sein, die

Entscheidfaktoren	Spricht gegen die Wahl eines Marktsegmentes	Spricht für die Wahl eines Marktsegmentes
Beziehung zum Einkaufsverhalten	tief	hoch
Bearbeitbarkeit	schwierig	einfach
Messbarkeit	unmöglich	einfach
Stabilität	tief	hoch
Akzeptanz beim Außendienst	tief	hoch
Kosten der segmentspezifischen Marktbearbeitung	hohe	geringe
Resultat der Segmentplanerfolgsrechnung	negativ	positiv
Durchsetzung der Preisvorstellung	schwierig	einfach

Abb. 4.3 Entscheidfaktoren für oder gegen die Wahl eines Marktsegmentes für die differenzierte Marktbearbeitung

Ansprechpartner*innen in den Kundenunternehmen zu finden, die genau einer gewählten Mikrosegmentierung entsprechen.

Die „Stabilität" der gewählten Marktsegmente ist gerade in der Marktsegmentierung für Industriegüter von entscheidender Bedeutung. So ändern sich die Zuteilung der Funktionen und die personellen Besetzungen in Unternehmen mittelfristig stark. Eine Segmentierung aufgrund der Funktionen des Buying-Centers muss gegebenenfalls regelmäßig durch neu erhobene Informationen aktualisiert werden. Das Änderungspotenzial ist im Besonderen hoch bei den Segmentierungskriterien Produktanforderungen der Kundenunternehmen, Informationsstand der Kundenunternehmen, Funktionen in den Kundenunternehmen und niedrig bei den Kriterien Branche der Kundenunternehmen und Grösse der Kundenunternehmen (Backhaus 1997, S. 195).

Die „Akzeptanz beim Außendienst" ist von großer Wichtigkeit, da der persönliche Verkauf meistens eine zentrale Rolle im Kommunikationsmix der Hersteller von Industriegütern spielt. Außerdem ist der Außendienst eine der ergiebigsten Informationsquellen zum Kundenunternehmen, d. h. seiner Organisation und Strukturen, Kundenbedürfnisse, Wettbewerber und laufenden Marktveränderungen. Er besitzt die entscheidenden Marktinformationen bei der Ausgestaltung und Auswahl von neuen Segmenten. Demzufolge ist eine wirkungsvolle Segmentierung davon abhängig, ob der Außendienst diese akzeptiert, berücksichtigt und auch entsprechend wirksam ansprechen kann. Es ist deshalb sehr wichtig, den Außendienst in den Segmentierungsprozess einzubinden.

Die „Kosten der differenzierten Marktbearbeitung" hängen davon ab, wie stark differenziert ein Unternehmen unterschiedliche Produkt-/Marktsegmente ansprechen will. Sie nehmen in folgender Reihenfolge zu (Bonoma und Shapiro 1983, S. 95):

- Wahl/Nichtwahl eines Marktsegmentes (Informationskosten)
- Unterschiedlicher Einsatz der Instrumente der Marketingkommunikation für die Marktsegmente
- Unterschiedliche Service/Preis-Konfigurationen für die Produkt-/Marktsegmente bei gleichem Kernprodukt
- Unterschiedliche Produkte für unterschiedliche Marktsegmente

Am wenigsten Aufwand ist für den Entscheid einzusetzen, ob ein bestimmtes Marktsegment mit einem geänderten Marketingmix bearbeitet werden soll. Hier fallen nur die Informationskosten an. Mehr Aufwand ist für den Entscheid einzusetzen, ob ein bestimmtes Marktsegment bearbeitet werden soll. Noch aufwendiger ist eine differenzierte Ansprache mit einem identischen Kernprodukt und unterschiedlichen Dienstleistungen sowie Preisen. Und am aufwendigsten ist es, unterschiedliche Produkte für verschiedene Marktsegmente zu entwickeln und anzubieten.

4.2.1 Segmentplanerfolgsrechnung

Aufgrund der potenziellen Umsatzerlöse und der zu erwartenden Kosten der Marktbearbeitung lässt sich eine „Segmentplanerfolgsrechnung" erstellen. Damit kann abgeschätzt werden, ob sich die Bearbeitung eines neuen Marktsegments wirtschaftlich lohnen wird (siehe Abb. 4.4).

Im dargestellten Beispiel stehen bei einem Unternehmen zwei neue Marktsegmente zur Diskussion. Für die Bearbeitung des Segments 2 kann das gleiche Produkt eingesetzt werden wie für das ursprüngliche Marktsegment 1. Bei der Bearbeitung dieses Marktsegments fallen deshalb keine zusätzlichen Entwicklungskosten an. Denkbar wäre dieser Fall bei einer Marktentwicklungsstrategie, bei der bestehende Produkte in einem neuen geografischen Markt verkauft werden. Das Marktsegment 3 hingegen ist ein Segment, für dessen Bearbeitung ein neues Produkt entwickelt oder das bestehende grundsätzlich geändert werden muss. Deshalb fallen hohe Entwicklungs- und Vertriebskosten an. Obwohl das Segment 2 wegen der zu erwartenden Umsatzerlöse eigentlich weniger attraktiv ist als das Segment 3, lohnt es sich schlussendlich aufgrund der Mehrkosten

Marktsegmente		
1	2	3
Angestammtes Marktsegment	Mögliches neues Marktsegment	Mögliches neues Marktsegment
Vollkosten	Grenzkosten	Grenzkosten
Absatz (Stück)	30	10	20
Geplante Umsatzerlöse	9000	3000	6000
Kosten			
Informationsbeschaffung	40	40	40
Entwicklung	3000		3000
Herstellung	3000	1000	2000
Logistik und Lager	300	100	200
Schulung	50	50	50
Marketingkommunikation	200	200	200
Auftragsbearbeitung	90	30	60
Vertrieb	900	300	600
Total Kosten	**7580**	**1720**	**6150**
Geplanter Deckungsbeitrag	1420	1280	-150

in 000 EUR

Abb. 4.4 Segmentplanerfolgsrechnung für den Entscheid für oder gegen die Bearbeitung neuer Marktsegmente

eher, das Segment 2 zu bearbeiten. Zusammengefasst ist es daher von hoher Bedeutung, neben den möglichen Umsatzerlösen, auch die durch die Bearbeitung eines Marktsegments ausgelösten höheren Kosten in das Entscheidkalkül einzubeziehen.

Daraus kann folgende Regel abgeleitet werden:

> **Regel 8**
> Ziel jeder Marktsegmentierung ist der optimale Einsatz der knappen Marketing ressourcen. Segmentierungsansätze, die mehr Aufwand erfordern als Mehrertrag versprechen, sollen nicht umgesetzt werden.

4.2.2 Marktnische als Chance: Ausbruch aus der Hochpreisnische

Die Marktgröße, gemessen am erzielbaren Umsatz, ist zwar ein wichtiger Entscheidfaktor für die Wahl eines Marktsegments. Gerade Hersteller von Industriegütern bearbeiten jedoch oft sogenannte Nischen. Eine Marktnische ist ein Marktsegment, dessen Umsatzpotenzial für große Konkurrenten zu unbedeutend für eine Marktbearbeitung ist. Für kleinere Unternehmen kann ein solches Produkt-/Marktsegment trotzdem interessant sein, da oft speziell auf die Nische ausgerichtete Angebote einen höheren Preis erzielen. Diese Nischen können eine Chance und eine Gefahr sein. Viele traditionell in Marktnischen tätige Industriegüterhersteller stehen heute vor der Herausforderung des Ausbruchs aus der Hochpreis-Nische. Einige Anbieterunternehmen zeichnen sich durch sehr hochwertige Produkte aus, die durch ständige Verbesserungen noch weiter in der Leistungsfähigkeit und oft im Preis gehoben werden. Gleichzeitig steigt aber auch die Leistungsfähigkeit der Standardprodukte bei gewöhnlich weit tieferen Preisen. Dabei ist es wichtig, die Konkurrenz aus neuen Industrieländern, wie zum Beispiel China, in die strategische Analyse einzubeziehen. Um nicht gänzlich in die Hochpreisnische gedrängt zu werden, versuchen Unternehmen in dieser Situation, durch die Entwicklung von einfacheren Standardprodukten aus der Hochpreisnische auszubrechen und breitere Märkte anzuvisieren (siehe Abb. 4.5). Gelingt dies nicht, droht diesen Unternehmen mittelfristig die Gefahr, durch die Anbieterunternehmen günstiger Standardprodukte aus dem Markt gedrängt zu werden.

Eine Gefahr beim Angebot zweier Produkte mit verschiedenen Preis-/Angebotskonfigurationen kann in einer Kannibalisierung der High-end-Marke durch die Produkte der Mid-range-Marke liegen. Auch Kundenunternehmen, denen die High-end-Marke angeboten wird, können sich mit der Mid-Range-Marke zufriedengeben.

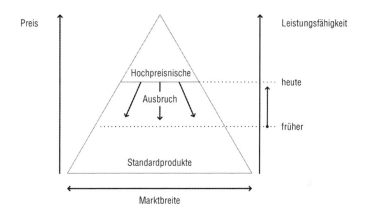

Abb. 4.5 Ausbruch aus der Hochpreisnische

Das folgende Beispiel zeigt, wie die das Unternehmen Dow Corning aus der Hochpreisnische ausgebrochen ist.

Case: Down Corning – Commoditization

Das amerikanische Unternehmen Dow Corning entwickelte sich zu einem weltweit führenden Hersteller von einer breiten Palette an Silikonprodukten. Die gesunde Geschäftsentwicklung des Unternehmens kam jedoch abrupt zum Stillstand. Die Märkte veränderten sich. Der Trend zur „Commoditization" (siehe Abschn. 3.4.2) führte zur Abwanderung von Kunden zu Niedrigpreisanbietern und drückte auf die finanzielle Ertragslage. Das Management reagierte mit einem Strategiewechsel. Eine neue bedarfsorientierte Marktsegmentierung brachte das Segment der „Preissucher" zu Vorschein. Um die Bedürfnisse dieser Kundenunternehmen exakt zu treffen, setzt das Unternehmen mit der Marke „Xiameter" auf eine Dual-Segment-Strategie (Kashani und Francis 2006).

Die Profile der beiden Marken unterscheiden sich in wichtigen Punkten (vgl. Abb. 4.6). Die Marke „Xiameter" ist auf die Kundenunternehmen ausgerichtet, die einfaches Silikonmaterial in großen Mengen zu günstigsten Preisen und in einem einfachen Prozess bestellen wollen. Deshalb bietet das Unternehmen ein Basisangebot an. Dieses beinhaltet nur das Produkt, keine Dienstleistungen und einen webbasierten Verkauf. Die anderen Kundensegmente werden mit der traditionellen Marke „Dow Corning" bedient. Diese Kundenunternehmen bezahlen Premiumpreise für die innovativen und hochwertigen Produkte, die ein starkes Serviceangebot umfassen.◄

	Dow Corning	**Xiameter**
Kundensegmente	Innovative Lösungen, bewährte Lösungen und kosteneffektive Lösungen	Preissucher
Markt	High-end, Premium-Markt	Value-Markt
Werteversprechen	Lösungen (d.h. Produkt und Dienstleistungen)	Produkt (einfache, allgemeine Silikonmaterialien)
Anzahl Produkte	7500	350
Dienstleistungen	Umfangreiches Angebot inkl. F&E	keine
Kundenbeziehung	Persönlicher Kundendienst e-commerce Service	Web-basierter Verkauf
Bestellmengen & Lieferzeiten	kleine – große Volumen flexibel	Große Volumen 7–20 Tage
Infrastruktur	Gemeinsame Nutzung: Globale Fabrikation, Supply Chain und IT	

Abb. 4.6 Profile der zwei Marken Dow Corning und Xiameter

Marktsegmente bearbeiten

5

Nachdem die Auswahl der erfolgversprechendsten Marktsegmente erfolgt ist, gilt es in einem weiteren Schritt, die für diese Segmente geeignete Bearbeitung zu bestimmen. Das Unternehmen entscheidet zunächst über die Differenzierung seines Produkts gegenüber den Konkurrenzprodukten und bestimmt danach den Marketing-Mix, d. h. „Produkt", „Preis", „Distribution" und „Promotion", der für die Bearbeitung der jeweiligen Marktsegmente eingesetzt werden soll. Ziel ist es, durch den optimierten Einsatz der Marketinginstrumente den Kundenunternehmen einen unverwechselbaren Nutzen anbieten zu können. Eine entscheidende Rolle fällt dabei dem segmentspezifischen Vertrieb zu.

5.1 Differenzierung in den gewählten Marktsegmenten bestimmen

Die gewählte Differenzierungsstrategie hängt von drei Kriterien ab (siehe Abb. 5.1). Zunächst muss die gewählte Differenzierung den Kundenbedürfnissen entsprechen. Im Weiteren ist abzuklären, wo und wie stark die Konkurrenz Differenzierungspotenzial aufgebaut hat. Die Bestimmung dieser beiden Faktoren beruht auf den Ergebnissen von speziellen Marktforschungsprogrammen. Drittens muss die gewählte Differenzierung auch durch die eigenen Mitarbeiter*innen realisiert werden können. Meist geht es dabei darum, sicherzustellen, dass die Mitarbeiter*innen über das notwendige Know-how verfügen.

Gerade bei Industriegütern, bei denen heute oft eine Differenzierung auf der Ebene der Kundenbeziehung und Dienstleistungen realisiert werden sollte, sind

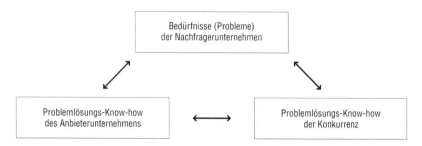

Abb. 5.1 Bestimmungsfaktoren eines Konkurrenzvorteils (Backhaus und Voeth 2014, S. 15)

die Mitarbeiter*innen und ihr Know-how von hoher Bedeutung. Die Bedingungen, die ein möglicher Konkurrenzvorteil erfüllen muss, damit sich dessen Realisierung lohnt, sind:

* Der Konkurrenzvorteil ist kommunizierbar und für die Kundenunternehmen erkennbar
* Der Konkurrenzvorteil bringt einer genügend großen Anzahl Kundenunternehmen einen Zusatznutzen
* Die Kundenunternehmen sind bereit, wegen des Konkurrenzvorteils einen höheren Preis für die Produkte zu zahlen oder eine größere Anzahl davon abzunehmen
* Der Konkurrenzvorteil sollte durch die Konkurrenz nicht leicht kopierbar sein

5.2   Marketing-Mix auf Segmente abstimmen

Für die zur Bearbeitung ausgewählten Marktsegmente wird ein segmentspezifischer Marketing-Mix bestimmt. So kann ein Unternehmen, das die Kundenunternehmen aufgrund des Kundenverhaltens im Bereich Service segmentiert (Abschn. 3.4.1), unterschiedliche Dienstleistungsangebote für jedes der Segmente entwickeln und dafür die vier P des Marketing-Mix bestimmen (siehe Abb. 5.2).

Die erste der insgesamt vier Ausbaustufen ist der Ersatzteil-Service. Ersatz- und Verschleißteile sind aufgrund hoher Margen oft gewinnträchtig, und das Anbieterunternehmen spielt die privilegierte Rolle eines „In-Supplier" (Anbieterunternehmen des Hauptproduktes, zum Beispiel einer Werkzeugmaschine). Die zweite Ausbaustufe bildet der Austauschmodul-Service: Anstelle einzelner Ersatzteile bietet der Hersteller Module an, die sich einfach austauschen

Marketing-Mix (4PS) für vier Marktsegmente im Bereich industrieller Dienstleistungen			
«Product»	«Price»	«Place»	«Promotion»
Segment: On-Call Kundenunternehmen Ersatzteil-Service	• einfache Identifikation und Bestellmöglichkeit • kurze Reaktions- und Lieferzeiten • hohe Verfügbarkeit • Anbieten von Verbrauchsmaterialien	• Preisdifferenzierung • Lieferzeitrabatte	• effiziente Ersatzteillogistik • Direktvertrieb • Internet	• Kunden von Qualität und Nutzen von Originalteilen sowie vom Mehrwert hoher Verfügbarkeit überzeugen
Segment: Anfragekundenunternehmen Austauschmodul-Service	• einfache Bestellmöglichkeit • hohe Verfügbarkeit • Integration in Konzepte der präventiven Wartung	• attraktive Preisgestaltung • Anbieten von günstigen aufbereiteten Modulen	• effiziente Ersatzteillogistik • Direktvertrieb • Internet	• Kunden vom Nutzen von Austauschmodulen überzeugen • Skepsis auf Kundenseite durch Transparenz begegnen
Segment: Selbstinstandhalterunternehmen Produkt-Support	• Dienstleistungen spezifizieren und dokumentieren • Einzelleistungen, modular aufgebaute Servicepakete • Garantien für Verfügbarkeit und Reaktionszeiten	• Einzelverrechnung • Preisbündelung in Serviceverträgen • Kalkulierbarkeit von Kosten und Nutzen • temporäre Aktionspreise	• direkt / indirekt • Serviceorganisation zentral/dezentral	• Kosten und Nutzen kalkulieren und klar kommunizieren • strukturierter Verkaufsprozess • kontinuierliche Kommunikation
Segment: Nutzenoptimiererunternehmen Prozess-Support	• ergänzende und umfassende Dienstleistungen • «Service Level Agreements» (SLA) • Betreibermodelle	• Preisbündelung in Serviceverträgen • Flottenmanagementverträge • nutzungs-, zeit- oder erfolgsabhängige Verrechnung	• direkt / indirekt • Serviceorganisation zentral / dezentral • Kooperationen mit Banken, Versicherungen, Beratungsunternehmen etc.	• Kosten und Nutzen klar kommunizieren • strukturierter Verkaufsprozess • individualisierte, kontinuierliche Kommunikation

Abb. 5.2 Marketing-Mix für vier Marktsegmente im industriellen Servicegeschäft

lassen und typischerweise mehrere Verschleißteile beinhalten. Dadurch können nen die Kundenunternehmen einfache Wartungsarbeiten selbst durchführen und Servicetechniker ihre Effizienz steigern.

Auf der dritten Stufe ist der Produkt-Support. Dem Kundenunternehmen stehen je nach Bedarf mehrere auf das Kernprodukt zugeschnittene Dienstleistungen zur Auswahl: von der Inspektion, der präventiven Wartung über die Reparatur, die Fernüberwachung und -diagnose bis hin zur Modernisierung etc. Diese bieten wertvolle Kundenkontakte, die die Anbieterunternehmen systematisch nutzen können, um die Kundenbindung zu festigen und Erfahrungen über die Nutzung des Produkts zu sammeln.

Die vierte Ausbaustufe ist der Prozess-Support, bei dem sich das Kundenunternehmen auf die optimale Nutzung des Produkts konzentriert. Diese Ausbaustufe findet sich vor allem bei Nischenanbietern, denn ohne Spezialisierung ist es in diesem Bereich schwierig, profitabel zu sein. Spezifische Beratungen und Schulungen – eine wichtige Voraussetzung für die Kundenzufriedenheit – sowie ergänzende Dienstleistungen wie Finanzierungen lassen sich hier zuordnen.

5.3   Segmentspezifisches Vertriebsmanagement

Von hoher Bedeutung ist die Anpassung des Vertriebsmanagements auf die gewählten Marktsegmente. Dabei gilt es zu berücksichtigen, dass der Absatzkanal den Gewohnheiten und Nutzenerwartungen der Kundenunternehmen entsprechen muss. Für das Unternehmen gilt es, die strategische Wahl der geeigneten Absatzkanäle zu treffen, um bei den gewählten Kundensegmenten präsent zu sein. Die industriellen Kundenunternehmen selbst wiederum versuchen, durch Optimierung des eigenen Supply Chain Management die Beschaffung zu optimieren und dadurch selbst wiederum Konkurrenz-, Preis und Qualitätsvorteile zu erzielen.

Der Aufbau des Vertriebssystems kann aufgrund der Segmentierung der Größe der Kundenunternehmen erfolgen (siehe Abb. 5.3). Vier Möglichkeiten der Betreuung bestehen: Key Account Management, Außendienst, Distributoren und das Internet. Mit dem Key Account Management zielt das Unternehmen auf

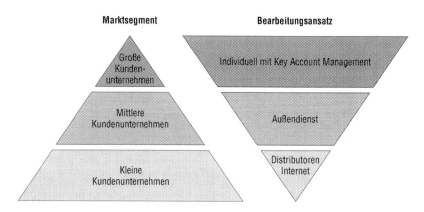

Abb. 5.3 Unterschiedliche Vertriebsansätze für Marktsegmente

eine Stärkung der Partnerschaft mit Schlüsselkundenunternehmen dank einer individuellen Betreuung. Durch regelmäßige Information und Kommunikation und durch intensive Kontakte mit den Ansprechpartner*innen soll die Beziehung zu den Schlüsselkundenunternehmen möglichst eng gestaltet werden. Endziel ist eine strategische Allianz mit den Kundenunternehmen. Interne Ziele sind die fokussierte Zusammenarbeit und der Abbau von Silodenken zwischen Abteilungen und Produktgruppen des Unternehmens. Mit dem Außendienst bearbeitet ein Unternehmen ein Segment mit eigenen Verkäufern*innen. Der Außendienst übernimmt auch Aufgaben, die durch Distributoren oder online nicht durchgeführt werden können und ergänzt somit diese Vertriebssysteme.

Für den Vertrieb an kleinere Kundenunternehmen werden oft Distributoren eingesetzt. Diese spielen auch im internationalen Geschäft eine wichtige Rolle. Welches Know-how den Distributionspartnern vermittelt werden muss, hängt von den Aufgaben im Distributionsprozess ab, die von den Distributionspartnern durchgeführt werden sollen. Dazu wird eine Analyse auf Stufe Distributionspartner durchgeführt, um diese in Segmente zu gruppieren, die den gleichen Know-how-Bedarf haben. Diese können dann auch mit den gleichen Kommunikationsmaßnahmen angesprochen werden.

Folgendes Fallbeispiel zeigt auf, wie Feintool den Know-how-Transfer zu seinen Distributoren gestaltete.

Case: Feintool, Teil 2 – Distributionspartner im internationalen Vertrieb

Die Segmentierung des Werkzeugmaschinenbauers Feintool ist beschrieben in Abschn. 3.3.1 und in Abb. 5.4. Das Unternehmen verfügt nur in den Hauptmärkten wie in den USA und in China über eigene Vertriebsniederlassungen Alle anderen Märkte werden über unabhängige Distributoren abgedeckt.

Für die Qualität des Vertriebs über Distributoren sind Professionalisierungsprogramme sehr wichtig. Um den Know-how-Transfer mit dem von einem Distributionspartner erwarteten Aktivitätsniveau abzustimmen, werden vorerst die dafür nötigen Tätigkeiten sorgfältig definiert. Dazu werden in einem ersten Schritt alle für einen erfolgreichen Absatz der Produkte des Herstellers nötigen Tätigkeiten erfasst. Aufgrund der von einer Gruppe von Distributionspartner erwarteten Tätigkeiten werden darauf die Know-how-Transfermodule für die Ausbildung der Partner erarbeitet. Feintool bietet den Distributoren das benötigte Know-how in vier Modulen an, um deren Mitarbeiter*innen im Hinblick auf die in Abb 5.4 aufgeführten Tätigkeiten zu unterstützen.

Das Modul 1 zielt hauptsächlich darauf ab, das Interesse der Vertriebspartner zu wecken und aufzuzeigen, was das Unternehmen leisten kann. Es

Aufgaben der Distributoren im Marketing- und Verkaufsprozess				
		Akquisitorische Aufgaben		Logistische Aufgaben	
		Werbung, Verkaufsförderung	Angebote spezifizieren, Verkauf	Produkte lagern, anpassen, ausliefern	After-Sales-Service erbringen
Feintool Gesellschaften	Hauptmärkte				
A-Vertretung	Schwerpunktmärkte				
B-Vertretung	Nebenmärkte				
C-Vertretung	Kleinmärkte				

Abb. 5.4 Know-how-Transfermodule für unterschiedliche Vertretertypen

wird in erster Linie die Lösungskompetenz von Feintool aufgezeigt. Dazu werden Prospekte, Verfahrensvergleiche, Musterteile und Angebote zur Verfügung gestellt.

Das Modul 2 zeigt dem Vertriebspartner auf, welche Vorteile sich ihm aus dem Know-how des Herstellers ergeben. Distributionspartner sollen erkennen, dass ihre Kompetenz sich in Kundengesprächen bezahlt macht. Hierzu werden Betriebsrundgänge veranstaltet, Anwendungsbeispiele mit Kostenvergleichen demonstriert und der Nachweis für den Kundennutzen erbracht.

Das Modul 3 knüpft an der Kundenberatung und am Kundenbedarf an. Es werden Verfahrensmöglichkeiten und Anwendungen sowie deren Grenzen erläutert und aufgezeigt. Technische und betriebswirtschaftliche Seminare geben damit eine Grundlage für die entsprechende Beratung der Kundenunternehmen.

Das Modul 4 vertieft das Wissen des Distributionspartners und gibt detailliert Einblicke in die Feintool-Lösungen und deren Nutzen für das Kundenunternehmen. Es wird eine fachlich anspruchsvolle Beratung und Betreuung des Kunden ermöglicht, die zum Beispiel durch Ausbildung in den Bereichen der Konstruktionstechnik und Werkzeugherstellung ein fachliches Fundament erhalten (Schmitz 2006, S. 205).◄

Für den Marketing-Mix gilt folgende Regel:

Regel 9
Der Marketing-Mix und das Vertriebsmanagement müssen auf die Marktsegmentierung abgestimmt werden.

5.4 Organisationsentwicklung in Funktion der Marktsegmentierung

Neue Segmentierungsstrukturen können bedeuten, dass ein Unternehmen den Markt grundsätzlich anders bearbeiten muss. Die Unternehmen müssen sich deshalb neu organisieren, indem sie ihre Organisation verändern und Personal und Ressourcen neu ordnen, damit sie die Aktivitäten und Bedürfnissen der Kundenunternehmen in jedem Segment bedienen können (Foedermayr und Diamantopoulos 2008). Die organisatorischen Veränderungen betreffen beispielsweise die Bildung von Key-Account-Management-Teams, den Einsatz von funktionsübergreifenden Teams, die Anpassung des Außendiensts, die Neuordnung von Vertriebskanälen, die Zusammenlegung von Abteilungen und die Verlagerung von technischen Supportgruppen (Mora Cortez et al. 2021). Eine fehlende Anpassung der Organisationsstrukturen gilt als eine der Ursachen von Schwierigkeiten bei der Implementierung der Segmentierung (Palmer und Millier 2004).

Trotz der Einführung von neuen Kundensegmenten neigen die Unternehmen dazu, an bestehenden Strukturen, wie produkt-, gebiets- oder branchenspezifischen Einheiten, festzuhalten. Dies führt jedoch zu ineffizientem, unkoordiniertem Marketing und schlussendlich zu einem Scheitern beim Erfüllen der Kundenbedürfnisse. Denn bei den bestehenden Strukturen steht oft eine Produktespezialisierung statt der Bedürfnisse der Kundensegmente im Vordergrund. Produktgruppen bedienen unweigerlich Kundenunternehmen aus unterschiedliche Bedürfnissegmenten (Dibb und Simkin 1994). Die große Herausforderung besteht darin, sicherzustellen, dass die Führungskräfte die Segmentierungsstrategie und die damit verbundenen Änderungen der Organisationsstruktur unterstützen. Zu den Gründen für ein Festhalten an bestehenden Strukturen gehören (Boejgaard und Ellegaard 2010):

- die mit der Reorganisation verbunden Kosten,
- die nicht wahrgenommene Notwendigkeit für Veränderung, da die bestehenden Strukturen gut verankert und institutionalisiert sind,

- die eingespielte Zusammenarbeit zwischen verschiedenen Abteilungen wie Marketing, Vertrieb, Service, Logistik usw.
- die mangelnde Kompatibilität zwischen Berichtslinien und den Segmenten, die das Setzen von Zielen, das Bestimmen von Verantwortlichkeit und die Überwachung des Fortschritts erschweren,
- die mangelnde Akzeptanz der Segmente beim Management.

Der Aufbau einer Organisation bestimmt, wie ein Unternehmen Geschäftsmöglichkeiten wahrnehmen kann, Produkte entwickelt, Dienstleistungen ausführt, Lösungen verkauft und auf Probleme und Herausforderungen reagiert. Unternehmen organisieren sich hauptsächlich bezüglich Funktion, Produkt, geografischen Gebieten oder einer Kombination der drei Arten. Abhängig von der Größe des Unternehmens und des Einbezugs des internationalen Handels folgen die Unternehmen einem Pfad des organisatorischen Wandels und ändern dabei ihre organisatorische Struktur von Funktional über Produkt/Marktstruktur zur Matrix (Leitungsfunktion verteilt auf unabhängige Dimensionen, z. B. Produktdimension und Marktdimension) (siehe Abb. 5.5). Eine Ausrichtung der Organisation auf Marktsegmente macht erst ab einer gewissen Größe des anbietenden Unternehmens Sinn. Bei sehr großen Unternehmen kommen oft Mischformen von funktionalen und marktsegmentbezogenen Strukturen zum Einsatz.

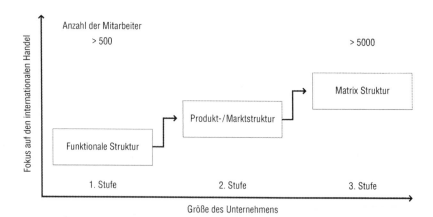

Abb. 5.5 Pfad des organisatorischen Wandels

Es gilt folgende Regel:

> **Regeln 10**
> Es ist zu prüfen, ob die Organisation an die Marktsegmentierung angepasst
> werden soll.

5.5 Leadership

Führungskräfte, die Anleitung geben und Ressourcen bereitstellen, sind Schlüs-
selelemente bei der Implementierung der Segmentierung (Goller et al. 2002).
Die Führung umfasst dabei verschiedene Prozesse wie Motivation, Inspiration,
Kommunikation, Coaching und das Aufzeigen, wie Ziele erreicht werden können.
Die Unterstützung durch das Management nimmt bereits in den der Implementierung vorangehenden Schritten des Segmentierungsprozesses eine wichtige
Rolle ein. Die Geschäftsleitung muss sich aktiv am Prozess beteiligen und benö-
tigt genügend Wissen bezüglich der Segmentierung und derer Implementierung.
Das Unternehmen muss evaluieren, ob die für den Prozess benötigte Expertise
intern vorhanden ist oder ob externe Ressourcen dafür benötigt werden. Weiter
kann funktionsübergreifende Kooperation, das heißt der Einbezug von Mitarbeiter*innen verschiedener Abteilungen, Verständnis, Akzeptanz, ein Gefühl für
Eigenverantwortung und Engagement für den Segmentierungsprozess schaffen
(Dibb und Simkin 2001; Clarke 2009). Entscheidend für eine Implementierung
der Segmente ist auch, dass das Management die Bedeutung und Glaubwürdig-
keit der Segmentierung explizit und implizit kommuniziert. Die Kommunikation
legitimiert neue Sichtweisen und schafft ein neues Bewusstsein. Von Vorteil ist,
wenn sich Mitarbeiter*innen verschiedener Abteilungen an der Kommunikation
beteiligen und mithelfen, ein besseres Verständnis für die Segmentierung zu schaffen (Clarke 2009). Eine starke Führung ist umso mehr gefragt, wenn es gilt,
die Unsicherheiten bezüglich der Veränderungen zu verringern und das Zusam-
menspiel zwischen Strategie und Marketingprogrammen sicherzustellen. Fehlt die
Beteiligung des oberen Managements, so führt dies meist zu Problemen bei der
Umsetzung. Die Führung durch erfahrene Manager kann dazu beitragen, auf-
tretende Herausforderung erfolgreich zu überwinden. Es ist wichtig, dass das
Management die für die Implementierung nötigen Ressourcen zur Verfügung
stellt. Die nötigen Ressourcen werden als ein Zeichen dafür verstanden, dass das
Projekt ein ernsthaftes Unterfangen ist (Dibb und Simkin 2001, 2009).

Die Implementierung von Segmenten kann zu großen Veränderungen in Struktur, Kultur und Ressourcen eines Unternehmens führen. Weitreichende Veränderungen verursachen in der Regel internen Widerstand und erfordern starke Führungsqualitäten und den Einbezug aller betroffenen Einheiten, um die Akzeptanz der Segmentierung in der Organisation zu erhöhen. Der bisherige Verlauf und Erfolg des Segmentierungsprozesses können ebenfalls zur Akzeptanz beitragen (Clarke 2009). Bedenken, die oft durch Ängste vor Veränderungen verursacht werden, dürfen nicht einfach ignoriert werden. Manchmal sind mehrere Durchgänge von Workshops und Meetings nötig, um diese Ängste zu überwinden und um sicherzustellen, dass die Ansichten der verunsicherten Personen vollständig einbezogen wurden (Dibb und Simkin 2009).

Eine erfolgreiche Umsetzung der Segmentierung erfordert motivierte Manager (Boejgaard und Ellegaard 2010). Doch sind es oft die Manager selbst, die organisatorische Veränderungen auch als persönliche Bedrohung wahrnehmen. Ihre Position und Macht kann infrage gestellt werden, und es besteht das Risiko, dass sie die neue Segmentierung nicht umsetzen wollen. Deshalb stellen sie die Durchführung solcher Veränderungen infrage, verweisen auf die anfallenden Kosten und die nötige Koordination und halten an den bestehenden Strukturen fest (Mora Cortez et al. 2021). Unzureichendes Verständnis für den Zweck und die Relevanz des Segmentierungsplans kann zu mangelnder Motivation führen und wird deshalb zur zentralen Herausforderung bei der Implementierung der Segmentierung (Goller et al. 2002). Dieser Schwierigkeit kann womöglich durch die Betreuung der relevanten Schlüsselpersonen entgegnet werden. Ebenfalls hilfreich können eine schrittweise Einführung der Segmente sein und das Organisieren von Workshops, um auf die Bedenken der Mitarbeiter*innen einzugehen (Dibb und Simkin 2009). Es gilt folgende Regel:

> **Regel 11**
> Die Einführung der Marktsegmentierung muss mit interner Kommunikation begleitet werden, und das obere Management hat dabei eine wichtige Führungsrolle.

5.6   Überprüfung der Marktsegmentierung

Die gewählte Marktsegmentierung muss regelmäßig überprüft werden. Neben der Aktualität der gewählten Segmentierungskriterien (siehe Kap. 3) gilt es, den Erfolg des Unternehmens im Marktsegment zu bestimmen. Dazu eignet sich eine Scorecard, anhand derer wichtige Faktoren in den vier Bereichen Mitarbeiter*innen, Qualität und Prozesse, Kundenunternehmen und Finanzen gemessen werden (siehe Abb. 5.6):

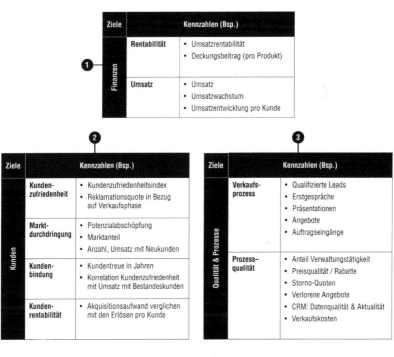

Abb. 5.6 Scorecard für die Überprüfung eines Marktsegments

1. **Finanzen,** insbesondere mit den Kennzahlen Umsatz und Rentabilität. Hier werden die finanziellen Ziele festgelegt – das Hauptresultat einer erfolgreichen Implementierung der Marktsegmentierung und einer Verkaufsstrategie. Die finanziellen Ziele sind wichtig. Aber diese können nur erreicht werden, wenn die Beziehung zu den Kundenunternehmen stimmt, die Prozesse optimiert ablaufen und die Mitarbeiter*innen, insbesondere die Verkäufer*innen, motiviert sind Verkäufer*innen, motiviert sind und gut verkaufen.

2. **Kunden,** insbesondere mit Kennzahlen zu Kundenzufriedenheit, Marktdurchdringung, Kundenbindung und Kundenrentabilität im bearbeiteten Marktsegment. Hier gilt es insbesondere auch zu überprüfen, ob die gewählte Kundensegmentierung auch in Zukunft Sinn ergeben wird.

3. **Qualität und Prozesse,** insbesondere mit Kennzahlen zum Verkaufsprozess und zur Prozessqualität. Diese Prozesse beeinflussen Kundenzufriedenheit und Unternehmensziele enorm. Wichtige Kennzahlen sind Qualität, Reaktionszeit, Kosten und der prozentuale Anteil am Umsatz von neu eingeführten Produkten.

4. **Mitarbeiter*innen,** insbesondere mit den Kennzahlen Ausbildung, Mitarbeiter*innentreue, Mitarbeiter*innenzufriedenheit, Entwicklung. Diese Perspektive legt den Grundstein zur stetigen Verbesserung des Verkaufs eines Unternehmens.

Es gilt folgende Regel:

> **Regel 12**
> Die Marktsegmentierung muss regelmäßig im Hinblick auf ihre Relevanz und Effektivität überprüft werden.

Die „Goldenen Regeln der Marktsegmentierung" 6

Als Zusammenfassung sind hier die zwölf im Laufe des Buches entwickelten Regeln zusammen mit den in Kap. 1 vorgestellten Aktivitäten und Herausforderungen der Marktsegmentierung aufgeführt (siehe Abb. 6.1 und 6.2).

P. Ammann, *Marktsegmentierung für Industriegütermärkte,* essentials,
https://doi.org/10.1007/978-3-658-35633-0_6

Aktivitäten im Ablauf der Marktsegmentierung	Bereich	Herausforderungen	Regeln	Kapitel
Vorstellung der Gründe für eine Marktsegmentierung und die drei Schritte zur Segmentierung von Industriegütermärkten.	Prozess	Verständnis für den Prozess	**Regel 1:** Die Marktsegmentierung erfolgt in drei Schritten: Segmente identifizieren und bilden, Segmente auswählen und Segmente bearbeiten.	1
Vorbereitung der Marktsegmentierung, d.h. Behandlung von Themen wie Personelle Ressourcen, Kommunikation, Datenbeschaffung, Strategischer Fit und Buy-in des Managements.	Infrastruktur Prozess	Daten & Ressourcen Interne Kommunikation Fit mit Strategie	**Regel 2:** Wichtig für die Vorbereitung der Marktsegmentierung sind Strategic Fit, Buy-in des Managements, personelle Ressourcen und eine solide Datenbasis.	3.1
Segmentierung der Kundenunternehmen nach dem Ansatz der Makro- und Mikrosegmentierung.	Prozess	Verständnis für den Prozess Interne Ressourcen	**Regel 3:** In einem ersten Schritt werden Segmente auf der Ebene von Makrosegmenten erstellt, die meist einfacher und kostengünstiger zu erheben sind. Falls diese Makrosegmente für eine erfolgversprechende Marktbearbeitung ungenügend sind, werden Mikrosegmente gebildet.	3.2
Makrosegmentierung, d.h. die Identifizierung von Kundensegmente aufgrund direkt beobachtbarer Kriterien.	Prozess	Verständnis für den Prozess	**Regel 4:** Makrosegmentierung: Kundensegmente werden identifiziert aufgrund direkt beobachtbarer Kriterien, wie z. B. geografischer Standort der Kundenunternehmen, Größe der Kundenunternehmen (Mitarbeiter*innen / Umsatz), Branche der Kundenunternehmen, Neu- oder Wiederholungskauf, ...	3.3
Mikrosegmentierung, d.h. die Identifizierung von Kundensegmente aufgrund von aus dem Verhalten abgeleiteten Merkmalen.	Prozess	Verständnis für den Prozess	**Regel 5:** Mikrosegmentierung: Kundensegmente werden identifiziert aufgrund von aus dem Verhalten abgeleiteten Merkmalen, z. B. Nutzeneinschätzung der Kaufbeteiligten (Buying-Center), Verhalten der Kundenunternehmen ...	3.4
Ausgestaltung von auf die Kundenbedürfnisse und das Kundensegments abgestimmten Industriegüter und Dienstleistungen.	Infrastruktur	Kundenfokus Kommunikation Fit Marketing & Segmente Organisation	**Regel 6:** Ein Segment ist nie allein eine bestimmte Gruppe von Kundenunternehmen. Zur Definition eines Marktsegments gehört ebenfalls die Ausgestaltung des auf die Kundenbedürfnisse hin abgestimmten Angebots, der Absatzwege und der Kommunikation.	3.5

Abb. 6.1 Die „Goldenen Regeln der Marktsegmentierung", Teil 1

Aktivitäten im Ablauf der Marktsegmentierung	Bereich	Herausforderungen	Regeln	Kapitel
Bewertung der Attraktivität eines neuen Marktsegmentes und der dafür notwendigen Stärken und Wettbewerbsvorteile des Unternehmens.	Infrastruktur Implementation	Kundenfokus Kommunikation Fit Marketing & Segmente	Regel 7: Ein Marktsegment soll nur für die aktive Bearbeitung gewählt werden, wenn der Zielmarkt attraktiv ist und das Unternehmen seine Angebote gegenüber der Konkurrenz und für die Kundenunternehmen erkennbar und bedeutungsvoll differenzieren kann.	4.1
Abklärung von Kosten und Nutzen für den Entscheid, ob ein Marktsegment differenziert bearbeitet werden soll.	Infrastruktur Prozess	Daten & Ressourcen Interne Ressourcen	Regel 8: Ziel jeder Marktsegmentierung ist der optimale Einsatz der knappen Marketingressourcen. Segmentierungsansätze, die mehr Aufwand erfordern als Mehrertrag versprechen, sollen nicht umgesetzt werden.	4.2
Differenzierung in den gewählten Marktsegmenten bestimmen und den Marketing-Mix und das Vertriebsmanagement darauf abstimmen.	Infrastruktur Implementierung	Kundenfokus Fit Marketing & Segmente Organisation	Regel 9: Der Marketing-Mix und das Vertriebsmanagement müssen auf die Marktsegmentierung abgestimmt werden	5.1 5.2 5.3
Neuorganisation des Unternehmens (Struktur, Kultur, Ressourcen) damit die Aktivitäten und Bedürfnissen der Kundenunternehmen in jedem Segment bedient werden können.	Implementierung	Rollenverteilung Organisation	Regel 10: Es ist zu prüfen, ob die Organisation an die Marktsegmentierung angepasst werden soll.	5.4
Beteiligung und Unterstützung des Segmentierungsprozesses durch das Management und begegnen von Widerständen durch den Einbezug der betroffenen Personen.	Infrastruktur Implementierung	Interne Kommunikation Kommunikation Rollenverteilung	Regel 11: Die Einführung der Marktsegmentierung muss mit interner Kommunikation begleitet werden, und das obere Management hat eine wichtige Führungsrolle.	5.5
Regelmäßige Prüfung des Status der Marktsegmentierung in Bezug auf Relevanz und Effektivität.	Implementierung	Controlling Implementierung	Regel 12: Die Marktsegmentierung muss regelmäßig im Hinblick auf ihre Relevanz und Effektivität überprüft werden.	5.6

Abb. 6.2   Die „Goldenen Regeln der Marktsegmentierung", Teil 2

Was Sie aus diesem *essential* mitnehmen können

- Kompakter, strukturierter Überblick über wesentliche Grundlagen und den Prozess der Marktsegmentierung
- Konkrete Vorschläge für das Vorgehen bei der Segmentierung von Industriegütermärkten
- Konkrete Vorschläge für das Vorgehen bei der Auswahl von potenziellen Marktsegmenten für die strategische Bearbeitung
- Konkrete Vorschläge für das Vorgehen bei der Bearbeitung der gewählten Marktsegmente
- Tools und Checklisten, die den Prozess der Marktsegmentierung unterstützen sowie zwölf Regeln für das Segmentieren von Industriegütermärkten

© Der/die Herausgeber bzw. der/die Autor(en), exklusiv lizenziert durch Springer Fachmedien Wiesbaden GmbH, ein Teil von Springer Nature 2021
P. Ammann, *Marktsegmentierung für Industriegütermärkte,* essentials,
https://doi.org/10.1007/978-3-658-35633-0

Literatur/Zum Weiterlesen

Abratt R (1993) Market segmentation practices of industrial marketers. Ind Mark Manag 22:79–84. https://doi.org/10.1016/0019-8501(93)90033-4

Albert TC (2003) Need-based segmentation and customized communication strategies in a complex-commodity industry: a supply chain study. Ind Mark Manag 32:281–290. https://doi.org/10.1016/S0019-8501(02)00204-3

Ammann P (1999) Überlegenes Produkt-Management. In: De Zoeten R, Hasenböhler R, Ammann P (Hrsg) Industrial marketing: Praxis des Business-to-Business-Geschäfts. Schäffer-Poeschel, Stuttgart, S 116–118

Ammann P, Rodel E (2014) Industrielles Dienstleistungsmanagement. In: Pepels W (Hrsg) Handbuch Kundendienstmanagement: Grundlagen des After Sales Marketing. Symposion Publishing, Düsseldorf, S 119–145

Backhaus K (1997) Industriegütermarketing, 5. Aufl. Vahlen, München

Backhaus K, Voeth M (2014) Industriegütermarketing: Grundlagen des Business-to-Business-Marketings, 10., überarbeitete Aufl. Vahlen, München

Baines TS, Lightfoot HW, Benedettini O, Kay JM (2009) The servitization of manufacturing: a review of literature and reflection on future challenges. J Manuf Technol Manag 20:547–567. https://doi.org/10.1108/17410380910960984

Belz C, Müller R, Walti C (1996) Marketing für Werkzeugmaschinen: Ergebnisse einer empirischen Untersuchung. Thexis, St. Gallen

Boejgaard J, Ellegaard C (2010) Unfolding implementation in industrial market segmentation. Ind Mark Manag 39:1291–1299. https://doi.org/10.1016/j.indmarman.2010.06.004

Bonoma TV, Shapiro BP (1983) Segmenting the industrial market. D.C. Heath, Lexington

Bonoma TV, Shapiro BP (1984) Evaluating market segmentation approaches. Ind Mark Manag 13:257–268. https://doi.org/10.1016/0019-8501(84)90021-X

Brax SA, Jonsson K (2009) Developing integrated solution offerings for remote diagnostics: a comparative case study of two manufacturers. Int J Oper Prod Manag 29:539–560. https://doi.org/10.1108/01443570910953621

Brechin E (2002) Reconciling market segments and personas. https://web.archive.org/web/20020804203928/http://www.cooper.com/newsletters/2002_02/reconciling_market_segments_and_personas.htm. Zugegriffen: 21. Juni 2021

Clarke AH (2009) Bridging industrial segmentation theory and practice. J Bus Bus Mark 16:343–373. https://doi.org/10.1080/10517120902762427

© Der/die Herausgeber bzw. der/die Autor(en), exklusiv lizenziert durch Springer Fachmedien Wiesbaden GmbH, ein Teil von Springer Nature 2021
P. Ammann, *Marktsegmentierung für Industriegütermärkte,* essentials, https://doi.org/10.1007/978-3-658-35633-0

Columbus L (2021) 10 ways AI and machine learning are improving marketing in 2021. https://www.forbes.com/sites/louiscolumbus/2021/02/21/10-ways-ai-and-mac hine-learning-are-improving-marketing-in-2021/. Zugegriffen: 17. März 2021

Cooper A (2004) The inmates are running the asylum: why high-tech products drive us crazy and how to restore the sanity. Sams Publishing, Indianapolis

Coyne K (2008) Enduring ideas: the GE–McKinsey nine-box matrix. https://www.mckinsey. com/business-functions/strategy-and-corporate-finance/our-insights/enduring-ideas-the-ge-and-mckinsey-nine-box-matrix. Zugegriffen: 14. Juni 2021

Davenport T, Guha A, Grewal D, Bressgott T (2020) How artificial intelligence will change the future of marketing. J Acad Mark Sci 48:24–42. https://doi.org/10.1007/s11747-019-00696-0

Dibb S (2003) Diagnosing and treating segmentation barriers in business-to-business markets. Thexis Fachz Mark Univ St Gallen 20:40–46

Dibb S, Simkin L (1994) Implementation problems in industrial market segmentation. Ind Mark Manag 23:55–63. https://doi.org/10.1016/0019-8501(94)90027-2

Dibb S, Simkin L (2001) Market segmentation: diagnosing and treating the barriers. Ind Mark Manag 30:609–625. https://doi.org/10.1016/S0019-8501(99)00127-3

Dibb S, Simkin L (2009) Implementation rules to bridge the theory/practice divide in market segmentation. J Mark Manag 25:375–396. https://doi.org/10.1362/026725709X429809

Fish KE, Barnes JH, Aiken MW (1995) Artificial neural networks: a new methodology for industrial market segmentation. Ind Mark Manag 24:431–438. https://doi.org/10.1016/0019-8501(95)00033-7

Foedermayr EK, Diamantopoulos A (2008) Market segmentation in practice: review of empirical studies, methodological assessment, and agenda for future research. J Strateg Mark 16:223–265. https://doi.org/10.1080/09652540802117140

Gebr. Heller Maschinenfabrik (2020) HELLER4Use: Nutzungsmodell für mehr Flexibilität in Ihrer Fertigung. https://www.heller.biz/maschinen-und-loesungen/heller4use/. Zugegriffen: 14. Juni 2021

Goller S, Hogg A, Kalafatis SP (2002) A new research agenda for business segmentation. Eur J Mark 36:252–271. https://doi.org/10.1108/03090560210412782

Grudin J, Pruitt J (2002) Personas, participatory design and product development: an infrastructure for engagement. In: Proceedings of the 2002 participation and design conference. Sweden, S 144–161

Kashani K, Francis I (2006) Xiameter: the past and future of a „disruptive innovation". IMD Case Study 1–21

Ketamo H, Kiili K, Alajääski J (2010) Reverse market segmentation with personas. In: Proceedings of the WEBIST 2010: 6th international conference on web information systems and technology, Valencia, S 63–68

Kleinaltenkamp M (1995) Marktsegmentierung. In: Kleinaltenkamp M, Plinke W (Hrsg) Technischer Vertrieb: Grundlagen. Springer, Berlin, S 663–702

Kohtamäki M, Parida V, Oghazi P et al (2019) Digital servitization business models in ecosystems: a theory of the firm. J Bus Res 104:380–392. https://doi.org/10.1016/j.jbusres.2019.06.027

Koskinen P (2021) B2B's evolution in 2021: how AI and machine learning are forever changing B2B marketing. https://www.forbes.com/sites/forbestechcouncil/2021/03/04/

b2bs-evolution-in-2021-how-ai-and-machine-learning-are-forever-changing-b2b-market
ing/. Zugegriffen: 14. Juni 2021

Kudyba S, Davenport TH (2018) Machine learning can help B2B firms learn more
about their customers. https://hbr.org/2018/01/machine-learning-can-help-b2b-firms-
learn-more-about-their-customers. Zugegriffen: 17. März 2021

Matthyssens P, Vandenbempt K (2008) Moving from basic offerings to value-added solutions:
strategies, barriers and alignment. Ind Mark Manag 37:316–328. https://doi.org/10.1016/
j.indmarman.2007.07.008

Mora Cortez R, Højbjerg Clarke A, Freytag PV (2021) B2B market segmentation: a systematic
review and research agenda. J Bus Res 126:415–428. https://doi.org/10.1016/j.jbusres.
2020.12.070

Mutdoğan K (2020) B2B market segmentation: a case study for a demand and supply sides „Integrated market segmentation" approach in an industrial market. In: IVPE (Hrsg) Current
researches in humanities and social sciences. Cetinje-Montenegro, S 16–39

Ni D (2020) Buyer persona vs. buying profile vs. buying center – unterschiede. https://www.
growth-pilots.de/blog/buyer-persona-vs.-buying-profile-vs.-buying-center. Zugegriffen:
14. Juni 2021

Offsey S (2013) Micro-segmentation in the age of big data. https://www.marketbuildr.com/
blog/segmentation-in-the-age-of-big-data/. Zugegriffen: 15. Mai 2021

Osterwalder A, Pigneur Y, Bernarda G, Smith A (2014) Value proposition design: how to
create products and services customers want. Wiley, Hoboken

Palmer RA, Millier P (2004) Segmentation: identification, intuition, and implementation. Ind
Mark Manag 33:779–785. https://doi.org/10.1016/j.indmarman.2003.10.007

Perrey J, Hölscher A (2003) Nutzenorientierte Kundensegmentierung – eine Zwischenbilanz
nach 35 Jahren. Thexis Fachz Mark Univ St Gallen 4:8–11

Porter ME (2008) The five competitive forces that shape strategy. Harv Bus Rev 86:78–93

Porter ME, Heppelmann JE (2014) How smart, connected products are transforming
competition. Harv Bus Rev 92:64–88

Pruitt J, Adlin T (2010) The persona lifecycle: keeping people in mind throughout product
design. Morgan Kaufmann, San Francisco

Pruitt J, Grudin J (2003) Personas: practice and theory. In: Proceedings of the 2003 conference
on designing for user experiences. Association for Computing Machinery, New York, S
1–15

Schäfer A, Klammer J (2015) Service-dominant logic in practice—using online customer
communities and personas. Mark Rev St Gallen 32:90–96. https://doi.org/10.1007/s11
621-015-0564-y

Schmitz C (2006) Internationales Vertriebsmanagement für Industriegüter: Handlungsimpli-
kationen aus dem Blickwinkel internationaler Tochtergesellschaften und Vertretungen.
Deutscher Universitätsverlag, Wiesbaden

Schnetzler M, Gebauer H, Ammann PA (2006) Die Dienstleistungen auf das Kernprodukt
abstimmen: Services zu vermarkten, die mit dem Nutzen eines Produkts verbunden sind,
stellt viele Industriegüterhersteller vor eine grosse Herausforderung. IO New Manag
75:26–32

Schrage M (2020) The transformational power of recommendation. MIT Sloan Manag Rev
62:18–21

Stickdorn M, Hormess M, Lawrence A, Schneider J (2018) This is service design doing: applying service design thinking in the real world. O'Reilly Media Inc, Sebastopol

Syam N, Sharma A (2018) Waiting for a sales renaissance in the fourth industrial revolution: machine learning and artificial intelligence in sales research and practice. Ind Mark Manag 69:135–146. https://doi.org/10.1016/j.indmarman.2017.12.019

Wind Y, Cardozo RN (1974) Industrial market segmentation. Ind Mark Manag 3:153–165. https://doi.org/10.1016/0019-8501(74)90025-X

Printed in the United States
by Baker & Taylor Publisher Services